数智赋能

政府治理模式创新

数字政府建设的
"广州模式"

梁文谦　殷　涛　张元元◎编著

人民邮电出版社

北　京

图书在版编目（CIP）数据

数智赋能政府治理模式创新 ： 数字政府建设的"广州模式" / 梁文谦，殷涛，张元元编著. -- 北京 ：人民邮电出版社，2023.4
ISBN 978-7-115-61065-2

Ⅰ．①数… Ⅱ．①梁… ②殷… ③张… Ⅲ．①地方政府－电子政务－研究－广州 Ⅳ．①D625.65-39

中国国家版本馆CIP数据核字(2023)第002524号

内 容 提 要

广州市人民政府高度重视数字化发展，一方面提出了要加快信息基础设施建设，大力发展软件、信息服务、人工智能等产业，加快促进数字经济与实体经济深度融合；另一方面提出了要推进政府数字化转型，提高政务服务效能，开展数字政府改革建设。

本书以广州市数字政府建设实践与成果作为切入点，从数字政府的总体架构、顶层规划、公共平台支撑和落地应用等方面，阐述了数字政府建设的历史脉络、总体思路和具体实施路径，并分析了国内外数字政府建设的具体情况，介绍了广州市数字政府建设的成果案例。期待本书为全国数字政府决策者、建设者，以及对数字政府建设感兴趣的读者提供有效参考，为我国数字政府建设发展做出相应的贡献。

◆ 编　　著　梁文谦　殷　涛　张元元
　　责任编辑　王建军
　　责任印制　马振武
◆ 人民邮电出版社出版发行　　北京市丰台区成寿寺路 11 号
　　邮编　100164　　电子邮件　315@ptpress.com.cn
　　网址　https://www.ptpress.com.cn
　　三河市中晟雅豪印务有限公司印刷
◆ 开本：720×960　1/16
　　印张：12.75　　　　　　　2023 年 4 月第 1 版
　　字数：152 千字　　　　　　2023 年 4 月河北第 1 次印刷

定价：89.90 元

读者服务热线：(010)81055493　印装质量热线：(010)81055316
反盗版热线：(010)81055315
广告经营许可证：京东市监广登字 20170147 号

编 委 会

推荐序一

科学技术是经济社会关系变革的重要推动力。当前，5G、大数据、云计算、物联网、区块链、人工智能等新一代信息技术的快速发展，引领企业、政府乃至全社会经历深刻的数字化转型。

政府治理层面的数字化转型与发展，体现在各个国家与地区大力推动数字政府建设工作上。初期的数字政府建设着眼于利用信息技术提升政府治理能力与管理效能，如今，数字政府建设已逐步转变为改善政府管理和服务方式，多维度提高快速响应能力和公共服务效能，从而深层次地促进经济社会可持续发展。尤其是在我国，数字政府建设的初心是以人为本，效能体现在优政、兴业和惠民方面。

2020年3月31日，习近平总书记视察杭州城市大脑运营指挥中心时指出，运用大数据、云计算、区块链、人工智能等前沿技术推动城市管理手段、管理模式、管理理念创新，从数字化到智能化再到智慧化，让城市更聪明一些、更智慧一些，是推动城市治理体系和治理能力现代化的必由之路，前景广阔。

当前，我国多地政府部门顺应数字化转型大势，积极开展改革和实践探索，同时践行"一张蓝图绘到底"的精神，让数字政府、智慧城市及美丽乡村建设等工作紧密结合。如今，在"数字中国"战略的顶层蓝图引领下，我们已经基本走过了运用新技术手段提升单个部门问题处理能力的数字政府建设初级阶段。现在我们进入了数据共享、系统整合和流程再造，从而实现跨部门、跨层级、跨区域业务协同的数字政府建设中级阶段。

在疫情期间，各级政府积极行动，充分发挥数字技术在疫情监测分析、病毒溯源、防控救治、资源调配等方面的支撑作用，并加快推动公共安全、生态环保、应急保障等领域的数字化转型。我国的数字政府建设呈现多点开花、多元创新的新局面，建设成效已逐步呈现在营商环境的改善、创新氛围的营造、数字经济的发展、绿色生态的培育、和谐社会的共建、市民参与度与信任度的提升等方面。

数字政府建设既是信息技术推动政府管理服务模式创新化、治理体系现代化的过程，也是提升政府公信力和执行力、建成人民满意的服务型政府的重要抓手。数字政府的建设没有止境，未来还将继续通过数据驱动来重构业务体系，向线上线下融合、政企政民同心互动的一体化服务型政府的高级阶段演进。

本书从数字政府的总体架构、顶层规划、技术创新、公共平台支撑和落地应用等方面，分析了国内外数字政府建设的情况，系统阐述了广东省电信规划设计院有限公司在数字政府改革建设领域的实践和经验总结，并介绍了广州市数字政府改革建设的成功案例。数字政府建设是一个复杂的系统工程，本书不仅展示了数字政府建设的技术，还着重介绍了数字政府建设的管理、制度、法规及体制机制等多个方面的经验。在全国主要城市的数字政府改革建设工作中，广州市的相关建设工作成效名列前茅，其中必然有值得分享与学习的成功做法，相信本书能够促进更多地方政府部门开展经验交流。期待本书能够为各地数字政府改革建设的决策者和实施者提供参考，并带动社会各界积极参与数字政府、数字经济和数字社会的建设，满足人民对美好生活的向往，助力我国早日全面建成社会主义现代化国家。

中国工程院院士 邬贺铨

推荐序二

当前，我们正处于国家治理现代化和以新一代信息技术兴起为代表的新一轮科技革命的历史转折期。以 5G、大数据、云计算、物联网、人工智能和量子通信等为代表的新一代信息通信技术，正深入改变经济社会的生产方式、消费方式、运转方式和政府治理方式。如今，世界上很多发达国家都把数字化作为经济发展和技术创新的重点。面对世界百年未有之大变局，我们必须紧紧抓住数字技术变革的机遇，充分释放数字化发展的放大、叠加、倍增效应，抢占新一轮发展的制高点，牢牢把握时代的主动权。

党中央高度重视数字化转型，党的十九届五中全会明确提出要"加快数字化发展，建设数字中国"，并对此做出了系统部署。为落实"数字中国"战略，广东省在全国率先开展数字政府改革建设工作，打造了数字政府"广东样本"。数字政府建设对推动政府职能转变、政府治理现代化和争创营商环境新优势都具有重要意义。

作为粤港澳大湾区区域发展的核心引擎之一、国家重要中心城市和省会城市，广州市汲取全球先进国家及地区政府数字化转型的经验，紧抓新型基础设施建设、新一代信息技术创新发展、粤港澳大湾区建设、广深"双核联动"战略机遇，在数字政府改革建设中始终对标"最高、最好、最优"，不断提升政府运行管理能级，提高政府治理体系与治理能力的现代化水平，提升人民群众的获得感、幸福感和安全感，释放政务数据生产要素价值，推进"老城市焕发新活力"，再上发展新台阶。

自 2019 年广州市人民政府大力推进数字政府改革建设工作以来，广州市以信息技术推动"减环节、减时间、减资料、减成本、优服务"，让"穗好办"真正成为最易办、最好办的政务服务新名片。另外，坚持科技赋能，加快整合平台资源，有序开放数据共享，促进部门之间协同发展，注重带动相关产业发展，让"穗智管"真正成为城市运行管理的"智慧大脑"。在这个过程中，改革建设成果不断涌现并惠及经济民生。广州市在 2020 年政府网站绩效评估中位列副省级和省会城市第一；广州 12345 政府服务热线在 2019 年和 2020 年连续荣获"中国最佳政府服务热线"称号，并于 2019 年在西班牙巴塞罗那获得"全球最佳公共服务金奖"。

中国通信服务股份有限公司作为国内主导的"新一代综合智慧服务商"，致力于服务我国各地的数字政府、智慧城市建设实践。广东省电信规划设计院有限公司是我司旗下的龙头咨询设计企业，其相关专家在广州市政务服务数据管理局的指导下编撰了本书。本书以广州市数字政府改革建设的实践与成果作为切入点，阐述了数字政府改革建设的历史脉络、总体思路、具体实施路径和优秀案例，全书既有理论思考，也有具体案例，内容翔实，观点清晰，展现了政府数字化转型的路径和广州市数字政府改革建设的全貌。希望本书可以给我国各地城市的决策者、数字政府建设的参与者提供借鉴。

人工智能、区块链、大数据、云计算等技术的融合成为"数字中国"新时代的明显特征。中国通信服务股份有限公司以"建造智慧社会、助推数字经济、服务美好生活"作为新时代的使命与担当，积极参与和推动整个社会的数字化发展与转型，做好政府及各个行业的信息化服务支撑，将移动互联网、人工智能、大数据、云计算、物联网等新一代信息技术与数字政府、智慧城市建设深度融合。我们愿继续加强与各行业、各部门的合作，倾力提供全方位一体化的服务，携手谱写新时代"数字中国"建设新篇章。

中国通信服务股份有限公司副总经理

目　录

第 1 章
数字政府概述

在人类漫长的历史进程中，技术变革带来了人类的制度体系、组织架构和治理方式的变革，推动着人类历史的车轮不断前进。当前，世界正迎来百年未有之大变局，我们也处于国家治理现代化和以新一代信息技术为代表的科技革命兴起的历史转折期。我国成为世界第二大经济体，我国经济正在从高速增长阶段转向高质量发展阶段。与此同时，新一轮科技革命与产业变革方兴未艾，以大数据、云计算、物联网、人工智能和量子通信等为代表的新一代信息技术，正在深刻改变经济社会的生产方式、消费方式、运转方式和政府治理方式，推动着经济社会各个领域实现全面数字化转型。

2018 年以来，党中央、国务院发布了一系列文件指导部署数字化转型工作，涵盖数字政府、数字经济、数字社会、数字文化、数字生态等领域。各省（自治区、直辖市）积极运用新一代信息技术，深入推进数字化发展和改革工作。

在政府数字化转型层面，各省（自治区、直辖市）、市、区（县）纷纷开展数字政府改革建设工作，组建统筹政府大数据管理和数字政府管理运营的专门机构，在社会治理、民生服务、营商环境、政务协同等领域取得了显著成效。

应对 2020 年的疫情也是对我国数字政府建设成果的一次大考。各地政府积极应用新技术、新平台开展防疫工作，依托已建成的政务服务一体化平台、信息共享交换平台、"城市大脑"、政务服务 App 等，在信息发布、数据分析和在线服务等方面进一步加强公共服务和社会治理能力，新推出"健康码""疫情防控信息发布平台""线上融资平台"等小程序和 App 应用，通过"网上办、指尖办、预约办、就近办"等方式减少人员跑动和聚集，在群众出行、企业复工复产、消费复苏及疫情期间保障群众正常生活生产秩序等方面发挥了至关重要的作用。同时，防控疫情的客观需要也进一步推广普及了各种互联网应用和数字政府建设成果，使各级领导及广大人民群众充分认识到数字政府改革建设的必要性和显著成效，加速推进数字政府的建设进程。

2022 年，党的二十大报告指出，要"以中国式现代化全面推进中华民族伟大复兴"。在当前数字时代的急速发展中，全社会的数字化转型已经成为现代化发展的前沿阵地，是中国式现代化的重要内容。数字政府建设是塑造数字化生态系统、撬动数字经济、推动数字社会建设的关键，正成为数字经济与实体经济深度融合、智慧城市和数字乡村建设的重要支撑。尽快推进数字经济发展，深化数字政府改革，持续加大投入和深化改革是一个基本方向。

数字政府的发展历程

政府的信息化、数字化发展历程大致可分为 3 个阶段。

第一阶段："政府信息化"，20 世纪 70 年代末—2002 年。 20 世纪 70 年代末到 20 世纪 80 年代初，我国政府在电力、地震、气象、地质、人口等领域开始应用计算机辅助科学计算。从 20 世纪 80 年代中后期开始，我国政府对经济、金融、铁道、电力等十多个关系国家经济命脉的国家级信息系统进行立项建设。1993 年，我国启动"三金工程"（即金卡工程、金关工程、金桥工程）。金卡工程是指金融交易卡建设及推广普及工程，金关工程是指国家经济贸易信息网建设工程，金桥工程是指国家经济信息网建设工程。1999 年，我国启动"政府上网工程"。这一阶段的政府信息化建设为后续的电子政务建设打下了良好的基础。

第二阶段："电子政务"，2002—2017 年。 2002 年，《国家信息化领导小组关于我国电子政务建设指导意见》提出"12 金"工程建设（"12 金"工程是指由国务院相关部委牵头建设的"金关、金税、金盾、金审、金财、金融、金卡、金保、金宏、金农、金质、金水"12 个重要业务系统）。2006 年，《国家电子政务总体框架》从战略高度明确了电子政务发展的思路、目标和重点。2012—2017 年，国家相继印发《"十二五"国家政务信息化工程建设规划》《国务院办公厅关于促进电子政务协调发展的指导意见》《促进大数据发展行动纲要》《"十三五"国家政务信息化工程建设规划》等政策文件，提出强化信息共享、业务协同和互联互通，突出建设效能，有效提高公共服务水平。在此阶段，智慧城市、政府大数据、公共数据开放等概念纷纷涌现，各种技术创新"风起云涌"，各级各地政府建设了大量的业务应用系统，内部管理事务不断向网上迁移，网上办事大厅服务逐渐趋于成熟，多服务渠道涌现并呈矩阵式分布，政府行政效率和服务质量明显提升，初步实现了行政办公的数字化、业务流程的标准化、沟通渠道的网络化。

第三阶段："数字政府"，2018 年至今。2018 年以来，国务院发布了一系列文件，部署"互联网＋政务服务"工作，各省（自治区、直辖市）深入推进"互联网＋政务服务"创新工作。2018 年，国务院印发《进一步深化"互联网＋政务服务"推进政务服务"一网、一门、一次"改革实施方案》《国务院关于加快推进全国一体化在线政务服务平台建设的指导意见》，要求加快构建全国一体化网上政务服务体系，让企业和群众到政府办事像"网购"一样方便，全面实现全国"一网通办"。

2019 年 10 月，党的十九届四中全会提出"健全劳动、资本、土地、知识、技术、管理、数据等生产要素由市场评价贡献、按贡献决定报酬的机制"和"推进数字政府建设，加强数据有序共享，依法保护个人信息"。

2021 年 3 月，我国正式发布《中华人民共和国国民经济和社会发展第十四个五年规划和 2035 年远景目标纲要》。该文件提出，要提高数字政府建设水平，加强公共数据开放共享，推动政务信息化共建共用，提高数字化政务服务效能。

2022 年 6 月，国务院正式发布《关于加强数字政府建设的指导意见》。该文件要求要构建协同高效的政府数字化履职能力体系，构建数字政府全方位安全保障体系，构建科学规范的数字政府建设制度规则体系，构建开放共享的数据资源体系，构建智能集约的平台支撑体系，以数字政府建设全面引领驱动数字化发展。

数字政府的概念与特征

数字政府是一种新型的政府运行模式，是以新一代信息技术为支撑，以大数据为驱动，重塑政务信息化管理架构、业务架构、技术架构和政务管理服务的新机制、新平台、新渠道，全面提升政府在经济调节、市场监管、社会治理、公共服务、环境保护等领域履职能力的一种现代化治理新模式。数字政府是优化营商环境、推动社会经济高质量发展、增强群众获得感和幸福感的重要抓手和引擎，是实现国家治理体系和治理能力现代化的战略支撑。

数字政府是在我国原有的电子政务建设的基础上，进一步优化政府数字化转型的实施路径，强调数据要素在资源配置中的重要作用。在现阶段，数字政府建设的主要特征包括以下4个方面。

第一，核心目标从转变政府职能向提升国家治理现代化水平转变。 电子政务的目标以"政府职能转变"为基本出发点和立足点，侧重于政府行政管理信息化。数字政府建设的核心目标转变为服务国家治理体系和治理能力现代化，落实了"运用大数据提升国家治理现代化水平"的要求。政府决策者越来越重视数据价值，提出了"用数据对话、用数据决策、用数据服务、用数据创新"的新思路，更加侧重于服务的个性化、精准化和数据要素的资源化、资产化。

第二，治理架构从分散化模式向平台化模式转变。 在体制层面，数字政府组建地方大数据治理机构和统筹统建一体化运营机构，实现了机构的"平台化"；在机制层面，数字政府运用线上政务微信、政务微博、政务服务App 等第三方平台和政府网站集约化、一体化平台，建设政务大数据中心，降低数字政府建设、运行和维护的成本，提高政府的服务和监管效率。

第三，技术基础从信息化向智能化升级。 数字政府从过去以个人计算机、办公自动化、管理信息系统、互联网为代表的信息化技术体系转向以人工智能、大数据、云计算、区块链和 5G 移动通信等为代表的智能化技术体系，其应用也相应地从人机合作计算模式转变为机器自主计算模式。

第四，表现形式从实体化向虚拟化转化。 数字政府逐步表现为实体政府的虚拟化，即在网络空间打造一个无处不在、无时不在的"在线服务政府"和"数字孪生政府"，促进政府流程优化与治理变革，进一步优化调整政府内部的组织架构、运作程序和管理服务。

近年来，"数字中国""数字政府""智慧城市""数字经济""智慧社会"等概念层出不穷，数字政府与其他概念既相互交叉、相互促进、互为支撑，又各自具备发展的重点和特色。数字中国涵盖了数字经济、数字政府、数字社会等建设内容；数字政府侧重于政府自身的体制机制改革和业务流程优化，探索新的政务服务和社会治理模式；智慧城市则侧重于提升城市的整体运行管理效能；数字经济更侧重于数字产业化发展和产业数字化转型；智慧社会是以不断满足人民群众日益增长的美好生活需要，逐步解决经济社会发展不平衡、不充分问题为目标的一种新型社会形态。从地理关系来看，智慧社会包括智慧乡村和智慧城市的建设。相较于数字中国，智慧社会是一个实现难度更大、涉及范围更广、层次更高的概念。数字政府作为数字中国的重要组成部分，为数字经济的发展创造了良好的生态环境，为智慧城市和智慧社会的建设提供了重要支撑。

广州市数字政府改革建设的成果

　　近年来，广州市全面加强数字政府建设，制定了《广州市"数字政府"改革建设总体规划（2020—2022年）》和《广州市政务信息化项目管理办法》，筹建了数字政府改革建设工作专家委员会，构建了"大平台共享、大系统共治、大数据慧治"的政务信息化新格局，打造了"一网通办、全市通办"的"穗好办"政务服务品牌和"一网统管、全城统管"的"穗智管"城市运行管理中枢，"放管服"改革深化和营商环境优化工作取得积极成效。广东省政务服务数据管理局委托广东数字政府研究院对51个省级单位和21个地市开展了2021年全省数字政府改革建设第三方评估工作，广州市、深圳市并列全省第一名，其中，广州市在数字化服务成效方面全省最优。

政务服务显著提升

　　经过近几年的数字政府改革建设，广州市政务服务水平显著提升。2021年，国务院办公厅发布的《省级政府和重点城市网上政务服务能力（政务服务"好差评"）调查评估报告（2021）》显示，广州市2020年网上政务服务能力总体指数为"非常高"，在全国32个重点城市中，广州市排名第二。在政务服务门户建设方面，广州市创新打造了"一网通办、全市通办"的"穗好办"App，该App已提供超过2800项个人和企业服务事项，实名注册用户数突破1400万，总访问量超1.5亿人次。在助力粤港澳大湾区建设方面，广州市、区政务服务机构实现了超 900 项事项进驻广州市政务大厅，支持使用回乡证、华侨护照办理相关业务，同时开设了港澳服务专窗，15 项涉港澳服务事项被纳入专窗管理，用户可在办事平台同步预约办理。广州市还积极推进粤港澳大湾区"跨城通办"，实现了珠海、佛山等 11 个地市政务服务"跨城通办"。在"一门""一窗"服务改革方面，广州市进驻"一门"事项 2039 项，"一门"进驻率达 99.95%，进驻"一窗"事项达 2015 项，"一窗"进驻率超过 98.77%。在"一件事"主题服务方面，广州市直部门已合计上线超过 340 项，各区已合计上线 1100 项"一件事"主题集成服务。

营商环境持续改善

此外，随着数字政府改革建设的深入推进，广州市的营商环境持续改善。例如，在国家发展和改革委员会发布的《中国营商环境报告 2020》中，广州市入选全部 18 项指标领域标杆城市。2021 年，在中国社会科学院发布的《2021 年中国城市营商硬环境竞争力排行榜》中，广州市的营商环境硬实力综合评分在全国主要城市中排名第五。2021 年，在广东省发展和改革委员会发布的《2021 年广东省营商环境评价报告》中，广州市被评为全省标杆并纳入首批国家营商环境创新试点城市。截至 2020 年年底，广州市在商事服务改革中：一是持续推进建设工程联合审批改革落地，推行"统一收件、统一出件、资料共享、同步审批"，将电、水、气外线工程审批业务纳入"一窗受理"，将涉及 5 个审批部门的 16 项审批事项实行并联审批，实现了审批时限由原来的 14 个工作日压缩到 5 个工作日；二是开展营商环境专项数据共享，共享 103 个数据主题，累计超过 6 亿条数据，支撑企业开办、办理建筑许可、登记财产、执行合同、办理破产等业务，基于"广州市开办企业一网通"平台，广州市实现了最快半天可办结企业开办相关事项；三是在市场监管机制创新方面，广州市全面推动"区块链＋信易贷""区块链＋信用记录（报告）"等线上信用信息系统；四是从提升市场准入准营便利度、完善信用监管机制等多角度入手，持续深化放管服改革，积极打造现代化、国际化的营商环境。

城市治理取得突破

广州市在提升城市数字化治理能力方面也取得了重大的突破。截至 2020 年年底，广州市"穗智管"城市运行管理中枢项目已完成智慧党建、政务服务、营商环境、城市调度等主题应用场景建设，形成城市运行体征指标体系，基本实现城市运行"一张图"、城市管理协同联动和重大应急指挥调度。

广州市各区、各部门也积极开展数字政府创新实践，不断深化数字政府改革建设工作。白云区首创"一窗通取"智能存储信息系统，实现开办企业"半天办好零成本"；海珠区创新推出"政务 G 端＋银行 B 端＋群众 C 端"政银融合服务模式，叠加"大厅＋网点"资源，融合"线上＋线下"服务渠道，着力实现无差别受理，不跑腿审批，零距离服务；越秀区建设"越秀智库"，深化"越秀人家"应用，创新打造"越秀先锋"移动工作台等，多措并举为企业居民提供多渠道、个性化的掌上服务；黄埔区在全国率先搭建智能秒批平台，集成多个部门业务，提供远程视频"面对面"服务，实现 24 小时全天候服务，实现多个法人和个人事项"智能秒批（核）"的自助申办；广州市公共资源交易中心搭建全国首个公共资源交易跨区域区块链平台，解决公共资源交易的堵点和痛点；广州市司法局全面实行电子司法鉴定意见书对外存取证服务和管理新模式，在全国首创

"广州公法链"，首推电子司法鉴定意见书服务模式；广州市公安局实行一枚印章管审批，实现了全市公安机关服务事项"一门率、一窗率、最多跑一次率、可网办率、标准化率、过程数据覆盖率、简易事项就近办率和当场办结率" 8 个百分百目标。

第 2 章
国内外数字政府建设案例

　　科技创新驱动产业变革。目前，新一代信息技术不断发展，为数字政府建设用"技术变革"推动"服务变革"和"治理变革"提供了技术手段和实施路径。数字技术在政务服务乃至全球治理中发挥着越来越大的作用，越来越多的国家和城市启动数字政府相关战略。

数字政府建设国际案例

2020 年，联合国以"数字政府助力可持续发展十年行动"为主题，调研并形成了《2020 联合国电子政务调查报告》。该报告显示，目前世界各国正在大力推进数字政府建设，积极利用信息技术创新转变政府管理和服务方式，通过推进数字政府建设，提高政府快速响应能力和公共服务能力，促进服务型政府建设。数字政府在支撑经济社会高质量、可持续发展及提升公共服务效能方面起到越来越重要的作用。

纵观世界各国数字政府的发展，美国作为全世界的高新技术先锋，其数字政府建设起步最早，引领政府治理数字化转型的浪潮；丹麦拥有全球数字化程度最高的公共部门，在联合国电子政务评比中连续两次位列第一；韩国和新加坡是亚洲数字政府的领跑者。根据《2020 联合国电子政务调查报告》，丹麦、韩国、美国、新加坡的政府数字化水平分别位列全球第一名、第二名、第九名和第十一名。

美国："构建更好的、服务美国人民的21世纪平台"

作为一个科技高度发达的国家，美国数字政府治理起步最早，数字化转型成效显著。目前，美国完成了对政府治理结构的重大调整，形成公众和用户导向的政府运行机制，政府治理观念有了革新式的改变。一个以公共服务为导向，政府与社会共同治理的"小政府—大社会"模式的新型政府基本建立。美国的政府数字化转型遵循以下 4 个基本原则。

1. 以信息为中心原则

政府改变传统管理文件形式，转为管理在线业务数据。

2. 共享平台原则

全国范围内各个政府机构的工作人员在统一平台协同工作，平台制定了标准规范，统一了创建和分发信息的格式。

3. 用户至上原则

政府以用户为中心获取需求，创建和管理数据，用户可以随时随地以自己希望的方式沟通和分享信息。

4. 安全和隐私原则

政府以保护信息和隐私为前提，安全可靠地分发和使用数据。美国通过提高政府公共管理水平，改善公众与政府的数字互动体验，提高了公众对政府整体形象的看法。

丹麦："数字政府战略2016—2020"

丹麦是世界上数字化程度较高的国家之一，尤其是在公共部门数字化方面处于领先地位。2016年，丹麦政府推出"数字政府战略2016—2020"，致力于淘汰纸质表格，促进公共部门数据方案共享，进一步向数字公共行政、沟通交流与电子服务转型，以应对社会治理问题，深化本国的数字化转型。

丹麦数字政府战略的基础是使用数字身份证（被称为"NemID"或"Easy-ID"）。每个丹麦公民都有一个名为"NemID"的安全数字密钥。公民使用"NemID"可以安全地访问一百多种不同的公共服务，还可以访问各种私人服务，例如，提交税款、购买电话通信套餐等。

在公共服务方面，丹麦引入"自助服务平台"，强制公民使用在线公共服务平台接收政府的电子邮件，而不是邮政信件（不懂丹麦语、残障人士或没有计算机的人除外）。政府必须在 24 小时内答复所有公民的电子邮件，对于事务性工作要在 14 天内解决。对于可能难以获得在线服务的公民群体，例如，老年人、残障人士、难民和社会租房群体，政府还需要与非政府组织和基层组织合作，组织数字培训课程，以提高这类群体的计算机知识水平。

丹麦是世界上数字化水平较高的国家之一，其成功的关键在于公民和政府之间的信任。在丹麦，数据安全性和隐私性是重中之重，金融交易和其他重要服务需要"双因素认证"才能完成。当公共卫生部门想要告知公民预约结果或提供检测报告时，它会向公民的电子邮箱发送通知，该电子邮箱只能使用"双因素"数字签名进行访问。丹麦公民可以轻松获得政府的服务，且丹麦政府公开大量的政府数据，个人、企业及机构可以免费获得相关数据和信息，这也增强了公民对政府的信任，使公民相信政府会妥善处理他们的个人信息，不会滥用这些数据。

韩国："政府3.0时代"

韩国是全球领先的在线服务提供国。2013 年，韩国政府宣布开启"政府3.0 时代"，正式启动数字政府建设。韩国"政府 3.0 时代"的核心是公共信息的开放与共享，以及政府与国民的沟通和合作。韩国政府向国民开放和共享更多涉及国计民生的信息和数据，除了安保和私生活保护等法律规定禁止公开的信息，剩下的信息都将以整体原文的形式公开，这将打破政府各部门之间的阻隔，完成总体整合，最终建立"开放与共享的政府"。

在"以每个人为中心"的架构上，政府主动公开和共享信息，保障国民的主动参与，更加注重沟通与合作，提高了政府制定政策的透明度，同时加强了国民对政府的信任。韩国通过数字政府建设，重新设计行政业务流程，革新和简化办事流程，在有效管理公共资源、改善公共服务、增强政府公信力等方面采取了各种措施。在公共数据管理方面，韩国建设公共数据门户网，成立开放数据中心和开放数据战略委员会，建立起"一站式"公共数据提供框架。"民愿24小时系统"、移动电话、电子政务、政务公开系统等各项措施保障了相关政策的高效实施。在增强政府公信力方面，韩国建立信息公开门户网站，扩大公开信息的范围，主动公开与国民生活相关的信息。国民通过与全体政府部门相连接的"泛政府在线沟通门户"可直接向政府反映意见和提出建议，还可以利用"行政信息公开系统"在线申请并查阅各种政务信息及国家档案，能够更便捷地参与政府的决策过程。

2019年10月，韩国公布了《数字化政府创新推进计划》，旨在适应以人工智能、云计算等尖端信息通信技术为主导的数字化转型趋势，改善现有的电子政务服务。根据该计划，韩国将在国民中心等4万个地点增设无线网络，利用人工智能技术构建综合安保管制系统等。2021年1月，韩国政府表示将加快构建人工智能学习用数据和大数据平台，着重培养人工智能领域的专业人才。为推动数字化转型升级，韩国政府将重点推进数字大坝、智能政府和国民安全社会间接资本数字化等核心项目，并计划培养10万名人工智能和软件领域的专业人才。

新加坡：从"智慧国2015"到"智慧国2025"

新加坡以发展信息产业为重点，积极建设信息基础设施，成为亚太地区的电子商务中心和信息化强国，在打造全球化智慧都市、数字政府、数据共享等方面取得了引人注目的成绩。

2006 年 6 月，新加坡资讯通信发展管理局推出为期 10 年的信息通信产业发展蓝图——"智慧国 2015"，旨在将新加坡建设为一个以信息通信驱动的智能化和全球化国家。为保证其顺利完成，政府采取 4 项重要战略：努力发展具有国际竞争力的信息通信产业，积极建设最新的信息通信基础设施，开发具有竞争力的信息通信人力资源，实现政府、社会、关键经济领域的转型。在"智慧国 2015"计划的推动下，新加坡成为全球信息通信业发达的国家之一，新加坡的各个公共与经济领域的生产力和效率都有所提升，在政府信息化、电子政务、数字政府方面名列前茅。

2014 年，新加坡政府又公布了"智慧国 2025"10 年计划，这份计划是对"智慧国 2015"计划的完善与升级，是全球第一个描绘智慧国家的蓝图。新加坡政府构建"智慧国平台"，建设覆盖全岛数据收集、连接和分析的基础设施与操作系统，根据获得的数据分析和预测公民的需求，为公民提供更好的公共服务。"智慧国"理念的核心可以用 3 个"C"来概括——连接（Connect）、收集（Collect）和理解（Comprehend）。"连接"的目标是提供一个安全、高速、经济且具有扩展性的全国通信基础设施；"收集"是指通过遍布全国的传感器网络获取更理想的实时数据，并对重要的传感器数据进行匿名化保护、管理及权利范围之内的分享；"理解"的含义是通过收集来的数据尤其是实时数据建立面向公民的有效共享机制，通过对数据进行分析，更好地预测公民的需求，从而为公民提供更好的服务。

新加坡政府始终高度重视信息化和数字化，并大力推行，有着清晰明确的发展目标，滚动式、不间断地推行各个阶段的计划，以公民为中心，注重国民互动，鼓励科技创新，取得了巨大成功。

数字政府建设国内案例

近年来，党中央、国务院发布了一系列文件，部署数字政府改革工作，各省市积极运用新一代信息技术，加快推进数字化发展和改革工作。

2016 年 3 月，国务院正式发布"十三五"规划，提出实施"网络强国"战略，加快建设"数字中国"。2016 年 7 月，中共中央办公厅、国务院办公厅印发了《国家信息化发展战略纲要》，把"数字中国"建设和发展信息经济作为信息化工作的重中之重。党的十九大报告提出加强应用基础研究，支撑"数字中国、智慧社会"的建设。

2019 年 11 月，党的十九届四中全会通过《中共中央关于坚持和完善中国特色社会主义制度、推进国家治理体系和治理能力现代化若干重大问题的决定》，明确提出"建立健全运用互联网、大数据、人工智能等技术手段进行行政管理的制度规则，推进数字政府建设，加强数据有序共享，依法保护个人信息"，这是"数字政府"概念首次在中央文件层面正式被提及，引起各地各级政府的广泛关注和高度重视。随后，国务院陆续印发了《国务院办公厅关于建立政务服务"好差评"制度提高政务服务水平的意见》《国务院办公厅关于全面推进基层政务公开标准化规范化工作的指导意见》《国务院办公厅关于加快推进政务服务"跨省通办"的指导意见》等多个文件，大力推进政府决策科学化、社会治理精准化、公共服务高效化。

2020 年 11 月，党的十九届五中全会审议通过《中共中央关于制定国民经济和社会发展第十四个五年规划和二〇三五年远景目标的建议》，提出"加强数字社会、数字政府建设，提升公共服务、社会治理等数字化智能化水平"，再次强调要加强数字政府建设。2021 年"两会"期间，李克强总理在《政府工作报告》中提出，"加强数字政府建设，建立健全政务数据共享协调机制，推动电子证照扩大应用领域和全国互通互认，实现更多政务服务事项网上办、掌上办、一次办。企业和群众经常办理的事项，2021 年要基本实现'跨省通办'"。2021 年 3 月，《中华人民共和国国民经济和社会发展第十四个五年规划和 2035 年远景目标纲要》发布，明确提出通过数字化转型来整体驱动生产方式、生活方式和治理方式的变革。2022 年 6 月，国务院发布《关于加强数字政府建设的指导意见》，明确提出要主动顺应经济社会数字化转型的趋势，充分释放数字化发展的红利，进一步加大力度，改革突破，创新发展，全面开创数字政府建设的新局面。

2022 年 10 月，中国共产党第二十次全国代表大会顺利召开，大会提出要推进新型工业化，加快建设网络强国、数字中国。

随着"数字中国""数字政府"概念的逐渐升温，各地政府普遍认识到通过发挥政府数字化转型的先导性作用，驱动经济和社会的数字化转型，进而实现可持续发展的重要性，纷纷出台政策推进数字政府的改革建设工作，数字化转型已成为政府各部门应对新技术带来的变革及推进治理现代化建设的重要手段。我国各地形成了多元尝试、多样创新、百花齐放的政府数字化转型新格局。福建省率先实施"数字福建"战略；广东省率先推行"指尖计划"，将"粤系列"平台打造成"粤品牌"；北京市大力推进政务服务领域区块链应用建设；上海市提出"一网通办"的口号；浙江省深化"最多跑一次"改革；深圳市大力推广"秒报秒批一体化"新模式。

2019 年，国务院办公厅电子政务办公室委托中共中央党校（国家行政学院）电子政务研究中心，开展省级政府和重点城市网上政务服务能力第三方评估工作。2021 年 5 月，《省级政府和重点城市网上政务服务能力（政务服务"好差评"）调查评估报告（2021）》在北京市发布，报告显示各地区网上政务服务能力和水平显著提升。其中，省（自治区、直辖市）级政府网上服务能力总体指数排名前 7 位的分别是广东、浙江、上海、江苏、贵州、北京和安徽；重点城市网上服务能力总体指数排名前 6 位的分别是深圳、广州、杭州、南京、宁波和合肥。

广东省：推进"掌上政府指尖办"

2017 年，广东省提出打造统一安全的政务云平台、数据资源整合和大数据平台、一体化网上政务服务平台，建成上接国家、下联市县、横向到边、纵向到底全覆盖的数字政府，以"制度创新＋技术创新"推动"放管服"改革向纵深方向发展。2018 年 11 月，广东省人民政府发布《广东省"数字政府"建设总体规划（2018—2020 年）》和《广东省"数字政府"建设总体规划（2018—2020 年）实施方案》。2021 年 6 月，广东省人民政府发布《广东省数字政府改革建设"十四五"规划》。这些是全国首次由地方规划的数字政府相关文件。这些文件全面、清晰地描绘了广东省数字政府建设的蓝图。广东省以政务互联网思维打造一体化数字政府，以移动化建设思路推进"掌上政府指尖办"，并在全国首创"政企合作、管运分离"的政务信息化建设新模式。广东省致力于把数字政府改革建设与广东省经济社会发展大局紧密结合起来，充分发挥数字政府改革建设战略性、引领性作用，推动政府治理体系和治理能力现代化再上新台阶。在全国省级政府网上服务能力总体指数评估中，广东省连续两年排名第一，在数字政府改革建设中实现领跑的目标。

针对人民群众、企业和公务员群体不同的办事需求，广东省率先推出全国首个政务服务小程序——"粤省事"、全国首个涉企"一站式"移动服务平台——"粤商通"、全国领先的联通政府各部门的协同办公平台——"粤政易"等，形成"粤系列"这一聚合性数字政府平台。其中，"粤省事"主打民生服务，已覆盖广东省七成常住人口；"粤商通"主打涉企服务，覆盖广东省超过一半的市场主体；"粤政易"主打政务应用，已基本覆盖广东省全体公职人员。

"粤省事"是全国首个依托微信创新推出的集成高频民生服务的移动政务服务平台，是广东省数字政府首个改革建设的成果。"粤省事"梳理了与人民群众生活密切相关的政务服务事项，基于微信平台，通过业务流程再造、业务协同和数据共享，压缩办理时限，优化办事体验，不断推动"以部门为中心"的服务模式向"以用户为中心"的服务模式转变。作为广东数字政府改革建设的第一个重要成果，"粤省事"不断与时俱进、开拓创新，已经成为全国服务最全、用户最多、活跃度最高的省级移动政务服务平台。截至 2021 年 11 月底，该平台已集成高频民生服务 2200 项，实现 91 种个人证照"上线"，达成 1167 项服务"零跑动"，业务量超 170亿次，访问量超 630 亿次。平台注册用户数突破 1.5 亿，这意味着全国大约每 10 个人中就有 1 个在使用"粤省事"。

为提升企业服务的移动化水平，助力优化营商环境，2019 年广东省推出"粤商通"移动应用平台。"粤商通"首次将分散在多地多部门的高频涉企服务集成到同一个平台，为广东省市场主体提供"一站式"服务，并在全国率先实现部分服务事项免证办理，实现企业办事"一站式""免证办""营商通"。"粤商通"上线以来，围绕市场主体全生命周期，持续推进涉企数据共享，倒逼业务流程再造，不断提升"一站式"移动服务的集成度，不断扩大"免证办"适用业务的覆盖面，特别是针对企业群众办事创业的痛点、堵点和难点，"粤商通"移动应用平台上线了一系列涉企服务。

截至 2021 年 11 月，"粤商通"移动应用平台已累计上线涉企高频服务 1476 项，集成 1333 类电子证照，日均访问量保持在 200 万次以上，构建起涵盖办业务、找政策、提诉求、筹资金、拓商机、招人才的综合功能体系，成为"汇粤商、通政企"的重要平台。其中，企业诉求响应平台形成了实时收集处理企业诉求的机制，已成为政企互动的重要渠道，"粤商通"移动应用平台注册企业用户突破 1000 万家，目前已覆盖广东省近九成活跃市场主体。

2020 年 8 月，广东省推出政务办公应用程序"粤政易"，供广东省内各级政务工作人员处理公文、信息和事务。围绕日常办公需求，"粤政易"为广东省公务员群体打造集即时通信、通讯录、工作台、个人信息 4 个板块为一体的移动办公平台，统建了"粤视会""会议管理""批示速递""广东网院""粤政头条"等 20 项政务应用，借助移动办公、信息共享、审批协同三大抓手，提升工作效率，减轻基层的负担。作为广东省数字政府改革建设的重要成果之一，"粤政易"已经成为广东省深化数字政府改革建设，落实基层减负，以数字化激发行政效能活力，全面提升政府数字化履职能力的重要抓手和载体。截至 2021 年 6 月，"粤政易"注册用户 183.5 万人，服务超 12.8 万家组织机构，日活跃用户数达到 104.3 万，日均发送消息 480 多万条，电子公文交换系统累计交换文电、材料 768 万余份，平台累计接入政务应用 700 多项，移动端应用累计访问量超 7 亿次。

疫情期间，广东省依托"粤省事"快速上线"疫情防控服务专区"等近百项功能。2020 年 2 月，"粤康码"上线，实现"一人一码""一码通行"。

"粤康码"与"澳门健康码"实现互认，旅客在珠海和澳门口岸可快速扫码通关，各级疫情防控部门的工作人员也可通过"粤政易"随时查看使用"粤康码"出入境的人次、人数、人员区域等信息，及时掌握出入境人流变化的趋势，提前做好应急准备工作等，数字政府的协同支持能力充分显现。截至2021 年 12 月底，"粤康码"累计使用人数突破 1.86 亿，累计亮码超过 140亿次，使用人数居全国第一，为疫情防控和保复工复产、促经济回暖提供了有力的支撑。

为了更好地帮助广大老年用户使用"粤系列"产品，"粤省事"小程序精心设计了大字体、宽间距的界面，以及刷脸登录、电子证照一键出示、养老安老服务、支持他人代办等功能。"粤省事"的"粤康码"服务还增设了为亲属添加健康码和保存离线"粤康码"的功能，即使老年人不会使用手机，也可以方便出行。

"粤系列"的实践为推进社会治理现代化提供了思路和方法。广东省通过不断推进"粤系列"平台的深度融合，更加注重用户功能、服务和体验，促进线上、线下各类政府和社会服务渠道深度融合，力争将"粤系列"平台打造成"粤品牌"，使之成为提升社会治理能力、优化营商环境、改善民生的新利器，不断提升企业和人民群众办事的便捷度。

浙江省："最多跑一次"改革

2003 年，习近平同志在浙江省任职期间提出"数字浙江"建设。此后，浙江省历届省委、省政府坚持"一任接着一任干"，持之以恒地推进"数字浙江"建设。2014 年，浙江省全面实施"四张清单一张网"，以浙江省政务服务网建设为载体，成为全国较早建立全省统一在线政务平台的省份。

2016 年，浙江省率先推出"最多跑一次"改革，坚持将"以人民为中心"作为根本理念，以"互联网+"和大数据为技术支撑，以"一窗受理""一网通办"为主要手段，力争实现让群众和企业到政府办事"最多跑一次"的目标。

2017年年底，政府数字化改革已初见成效，浙江省全省"最多跑一次"实现率达87.9%，群众办事满意率达94.7%。2018年1月，浙江省提出充分发挥"最多跑一次"改革的牵引作用，推进改革向其他领域延伸。浙江省在企业投资领域推行区域评估、标准地、施工图设计文件联合审查制度，极大地改善了营商环境；在公共服务领域，例如医疗卫生、教育培训、健康养老、交通出行、社会保障、市政公用事业等，引入"最多跑一次"改革成果，跑出新成效；在社会治理领域，探索自治、法治、德治"三治融合"与"最多跑一地"等。

为了推动"最多跑一次"改革向纵深推进，浙江省2018年正式启动政府数字化转型，提出了"四横三纵"七大体系，明确要求数字化业务应用体系覆盖全部政府职能，通过建设全省共建共享的应用支撑体系、数据资源体系、基础设施体系，形成政府数字化转型的政策制度体系、标准规范体系和组织保障体系，从而推动全省各级政府、各职能部门的数字化转型进程。

通过政府数字化转型改革，浙江省政府的服务和履职效能、治理体系和治理能力现代化程度均显著提升。截至2021年12月底，"浙里办"注册用户已超过7800万人，网上可办率达100%，跑零次可办率达97.4%；"浙政钉"政务协同总平台已覆盖省、市、区（县）、乡（镇、街道）、村（社区）、小组6级组织，集成了1278个应用，实现部门间的高效协同；跨部门、多业务协同应用建设全国领先，推动数字政府的先发优势转化为治理效能。数字力量也撬动着浙江省经济社会面貌的改变。2021年，浙江数字经济核心制造业的营业收入首次超过信息服务业的营业收入，利润首次突破千亿元。

在浙江省的改革浪潮中，"最多跑一次"是一个高频热词。经过探索与实践，"最多跑一次"改革已经形成比较成熟的制度规范与标准体系，不断释放改革红利，积累了丰富的实践经验，成为浙江省改革的代名词和金字招牌，受到企业、人民群众的普遍赞誉和社会各界的广泛认可，改革的连锁效应也获得党中央、国务院的充分肯定。2018 年 1 月 23 日，中央全面深化改革领导小组第二次会议专门审议通过《浙江省"最多跑一次"改革调研报告》，并建议向全国推广。2018 年 3 月，"最多跑一次"改革被写入《政府工作报告》。2018 年 5 月，"最多跑一次"改革被中共中央办公厅、国务院办公厅作为深入推进审批服务便民化的典型经验之一向全国推广。

"最多跑一次"改革是浙江省创造性推进全面深化改革的先行探索，是真正以人民为中心、以问题为导向、以数字化为主要抓手的改革，更是一场面向政府的自我革新。其创新点在于服务理念的革新。从"群众跑"到"干部跑"，从"反复跑"到"跑一次"，从多部门表格"泛滥"到"一站式"受理办结，凡是与生产生活密切相关、群众和企业关心关切的事务，相关流程更加简化、程序更加规范、效率不断提升。人民群众在切实感受到便利的同时，其身份也在由参与者转变为监督者、评价者，促使部门权力运行更加公开、透明、有序，这正是"从群众中来、到群众中去"的生动实践。在疫情防控的背景下，"最多跑一次"在一定程度上减少了人员聚集和频繁流动，降低了不必要的风险，既提高了政府的行政效率，优化了服务质量，也满足了群众的办事需求，提升了人民群众的获得感和幸福感。

福建省：打造"数字中国"名片

2000 年，习近平同志在福建省任职期间，以超前思维和长远眼光在全国率先做出建设"数字福建"的战略决策，做出"要统筹，不要多头"的重要部署，强调"加快建立和完善各部门各行业的信息系统，鼓励发展各类公共数据库，依托网络实现社会资源最大共享"，并明确提出"数字化、网络化、可视化、智能化"的建设目标，开启了福建省信息化建设的新篇章。

多年来，福建省委、省政府始终把"数字福建"建设作为一项重要工作，以"数字"驱动各方面改革创新，以"数字"引领高质量发展，推动"数字福建"深刻融入经济、社会、文化、生态等各个领域，为"数字中国"提供了生动丰富的"福建样本"，成为"数字中国"建设的思想源头和实践起点。

2018 年，首届"数字中国建设峰会"在福建省福州市召开。如今，福建省已成为国家电子政务综合试点省、国家数字经济创新发展试验区、公共数据资源开发利用试点省，信息化综合指数、数字政府服务能力、数字经济发展水平均在全国位列前茅。福建省数字政府建设也在此基础上得到了良好的发展。

2003 年，福建省开始建设政务数据共享工程；2012 年建成全国最早的省级电子政务云平台；2015 年启动实施省级政务数据整合汇聚与共享应用工程，在全国率先实现所有省直部门政务数据的统建共享、汇聚应用。

为了进一步提高各级各部门掌上便民的服务能力，让企业和群众办事像"网购"一样方便，营造良好的营商环境，2017 年以来，福建省建设了政务服务 App 统一平台——"闽政通"App。"闽政通"App 整合全省政务服务资源，提供办事、互动和信息服务，推进"一号通认"和"一码通行"，实现政务服务从物理窗口、个人计算机端到移动端的转变，变"群众跑腿"为"掌上办事和信息跑路"，变"群众来回跑"为"部门协同办"，初步实现群众办事"马上就办""掌上办"。

值得一提的是，"闽政通"App 创造了全国多个第一。"闽政通"App 创新政务信息系统共享模式，打破部省信息共享壁垒，在全国率先接入公安部"交管 12123"App；"闽政通"App 是全国首个同时与蚂蚁金服集团、腾讯公司签订战略合作协议的省级政务服务平台，"闽政通"在支付宝和微信小程序先后上线运行。同时，福建省率先建设省级统一身份认证平台——福建省社会用户实名认证和授权平台，完成与福建政务服务网、福建公安公众服务网、"掌上住建"App、"闽税通"App 和"e 龙岩"App 等政务平台用户体系交叉互认，实现用户信息的平台间共享和"一号通认"。

目前，"闽政通"App 已接入全省行政审批、公共服务事项超过 22 万项，整合便民服务事项 25 类，累计超过 900 项，访问次数较多的服务为"五险一金"查询、机动车违法处理、医院挂号预约、户籍业务办理、台风路径查询等。

2020 年 2 月，福建省依托"闽政通"App，快速研发上线全国首个省级健康码——"八闽健康码"，在全国率先实现国家相关疫情数据库和省级基础数据库信息的融合应用。在"八闽健康码"的基础上，福建省不断优化拓展应用范围，拓展了就医、购药等医疗健康领域的应用，努力实现"一部手机全省就医"。在"八闽健康码"的带动下，截至 2021 年 12 月底，"闽政通"App 注册用户超过 5252 万人，占全省常住人口的 126.4%，月活跃用户超过 2000 万户，成为国内用户活跃度、便民应用使用率均排在前列的省级移动政务服务平台。

北京市："区块链+政务服务"

区块链技术具有"去中心化"、可追溯和不易篡改等特性，有助于提高数字政府的安全性和工作效率，助力可信数字政府建设，推动政务数据的开放共享。北京市积极开展了区块链融合应用探索，大力推进"区块链＋政务服务"的模式，围绕政务服务场景主题，以破解政务服务领域的关键问题、核心瓶颈、痛点、堵点为"抓手"与切入点，多种举措推进政务服务领域的区块链应用。2020年2月，北京市印发了《北京市政务服务领域区块链应用行动计划（2020年）》，多个部门在全市4个试点区大力推进政务服务领域区块链应用建设。2020年7月，《北京市政务服务领域区块链应用创新蓝皮书（第一版）》发布。

在创新探索的过程中，北京市根据区块链技术在场景应用中发挥的作用和解决问题的侧重点不同，将政务服务领域区块链应用分为"数据共享交换""业务协同办理""电子存证存照"3类。

"数据共享交换"是基础性应用，通过区块链实现单一事项跨多个系统的数据共享交换，进一步提高审核事项的效率。例如，为解决空港国际物流传统模式中难以整合参与通关物流流程的企业部门间的数据，造成的协同难度大、耗时长、流程协同低效等问题，北京市推出了北京空港国际物流区块链服务平台，将海关、商务、税务、园区、货站等单位的数据上"链"共享，提高了外贸通关的效率。服务平台上线后的两个月内，上"链"的各类通关物流数据共计300余万条，有121家企业先后使用了区块链系统查询验证各项功能近7800次。

"业务协同办理"以数据共享交换为基础，从业务应用上按照主题事项标准，通过区块链实现多个事项按"主题"来"串联"与"并联"，提高主题事项的全流程办理效率，是数据共享交换的"升级版"应用。截至 2020 年 6 月底，北京市已完成 140 个"区块链 + 政务服务"应用场景落地，平均减少材料达 40%，打通了传统数据共享模式较难打通的 310 余项数据，不少场景跑动次数从五六次减少到"最多跑一次"。

"电子存证存照"以数据共享交换为基础，将电子证照这一具有特殊法律意义和业务价值的数据上"链"存证，以"证"和"照"作为数据共享交换的表现形式，提升证照及相关公文的可信性和验证效率。通过高频电子证照上"链"，涉企类 253 项事项、个人类 65 项事项不需要纸质证件即可办理，全年可精简办事材料 10 万份。北京市在全国率先建立基于区块链的不动产登记系统，截至 2021 年 1 月底，采用区块链技术办理不动产登记相关业务约 71 万件。北京市还建设了财税领域区块链统一票据平台，先期在医疗、捐赠等领域试点应用区块链财政电子票据。

上海市："一网通办"改革

2018 年，上海市人民政府率先在全国范围内提出实施"一网通办"改革。作为上海市首创的政务服务品牌，"一网通办"不仅成为上海市建设数字政府、深化"放管服"改革、打造服务型政府的重要举措，还成为优化营商环境、提升城市能级和核心竞争力的重要举措。"一网通办"以"高效办成一件事"为目标，注重前端和后台的联动发力，持续推进行政审批制度改革；不断加强技术平台建设，以"数据中台"和"业务中台"双引擎驱动数字政府建设；汇集数据至人口库、法人库、空间地理信息库、电子证照库等主题库，坚持"共享为原则、不共享为例外"，规定"一网通办"的数据原则上要无条件共享，并制定了数据需求清单、数据责任清单和数据负面清单。

根据服务对象和服务事项的不同，上海市"一网通办"提供个人办事、法人办事、行政权力、公共服务 4 个方面事项的服务，且提供市民主页和企业专属网页，实现"一人一档、一企一档"的个性化服务。在完善线上服务的同时，上海市人民政府积极改革线下服务，在徐汇区行政服务中心开设了 24 小时自助服务大厅，全天候提供政务服务。此外，上海市积极推动计算机端和移动端数据的融合和服务平台的集成，通过施行统一认证方式打通了计算机端（"随申办"）和移动端（"一网通办"）的用户体系，使两个平台的用户数据互联互通，简化了用户注册、登记等烦琐的手续。

"一网通办"是上海市公共管理和政务服务领域的率先探索。为进一步推进城市数字化转型，2020 年，上海市成立城市数字化转型工作领导小组，并提出"要牢牢把握超大城市规律，坚持系统性谋划、革命性再造、持久性攻坚，加强顶层设计、聚焦重点难点、创新推进机制，加快打造具有世界影响力的国际数字之都"。2022 年 1 月 5 日，《2022 年上海市全面深化"一网通办"改革工作要点》发布，该政策指出要坚持业务和技术双轮驱动、线上和线下协同发力、效率和普惠统筹兼顾、发展和安全相辅相成，以用户视角全面提升线上线下的服务体验，加快形成"一网通办"的全方位服务体系。

深圳市："秒报秒批一体化"

作为全国首批信息惠民试点城市和广东省数字政府综合改革试点城市之一，深圳市始终把数字政府建设作为全面深化改革的突破口，在全国率先推出"秒批"改革，率先打造区块链电子发票系统，率先建设并上线灵鲲金融安全大数据平台，在全国各城市中率先实现 5G 独立组网。深圳市于

2019 年和 2020 年连续两年获得全国重点城市网上政务服务能力评估第一名、全国数字政府发展指数第一名。

2018 年和 2019 年，深圳市相继推出了"秒批"和"秒报"改革，在受理审批环节实行无人干预自动审批，业务申报环节实行少填或不填信息的无感申办。但是，"秒报"和"秒批"涵盖的政务事项并不完全对应，这意味着一些政务事项可以"秒报"，但可能还做不到"秒批"；一些政务事项审批很快，但申报过程还比较烦琐。为此，深圳市在"一网通办"的基础上，大力推广"秒报秒批一体化"新模式。2020 年 9 月，深圳市"秒报秒批一体化"平台正式上线，第一批业务涵盖了 9 个部门的 58 项高频政务事项。这些政务事项不仅可以通过网页办理，还能通过 App、微信小程序等更加便利的渠道办理。深圳市"秒报秒批一体化"平台提供全流程不见面、零跑动、全自动的政务服务，实现即报即批、即批即得的目标。

为了实现"秒报秒批一体化"，深圳市还建设了全市统一的政务信息资源共享平台，利用人工智能、大数据、区块链等技术，连通 10 个区和 76 个部门，集中了人口、房屋、电子证照、公共信用等数据资源，推动数据跨部门、跨层级、跨地域、跨业务共享互通，建立了基础库、主题库等各类数据库的共享复用通道和机制，力争让企业、市民办事只需要"选择"，不需要"填空"。此外，深圳市加快政务服务"一站式"办理，拓宽"一件事一次办"的覆盖范围，推动政务服务由"人找服务"转变为"服务找人"，建成了全市统一协同办公平台和党政机关内部办事服务"一次了"系统，让政务运转更高效、更智能。

第 3 章
我国数字政府改革建设的顶层设计

数字政府改革建设是一项系统性、整体性、协同性的复杂工程，高效、有序、科学地推进数字政府建设工作，首先需要做好顶层设计。

2018 年以来，为避免数字政府改革建设中出现"一哄而上""一盘散沙"的情况发生，各省市积极探索，以顶层设计为突破口，从全局和战略高度出发，强化政策支撑，制定战略规划，形成了各具特色的数字政府顶层设计和实施方案，为整体推进数字政府改革建设奠定了基础。

数字政府建设总体思路

数字政府改革建设要按照"整体统筹、创新驱动、开放共治、服务优先、安全可信"的原则，坚持一盘棋统筹布局，构建和完善一体化整体政府，持续提升政府的服务和治理能力，赋能经济社会发展，重点推动实现三大目标。

1. 实现"一网通办"

数字政府建设推动各类分散的线上线下服务渠道、服务能力、服务资源深度融合，不断提高政务服务的完备度、便捷度、成熟度，实现无差别办理，为企业和群众办事提供最大便利。

2. 实现"一网统管"

在生态治理、市场治理、社会治理和乡村治理等领域，数字政府建设加强网格化、块数据的应用，提升治理的数字化、可视化、移动化水平，实现政府治理能力的精细化。

3. 实现"一网协同"

从整体政府的视角，数字政府建设推动各部门开展政务流程再造，建设跨部门的并联审批、联合监管、综合决策应用平台，提高跨部门协同效率，降低政府运行的总成本。

数字政府建设总体思路如图 3.1 所示。

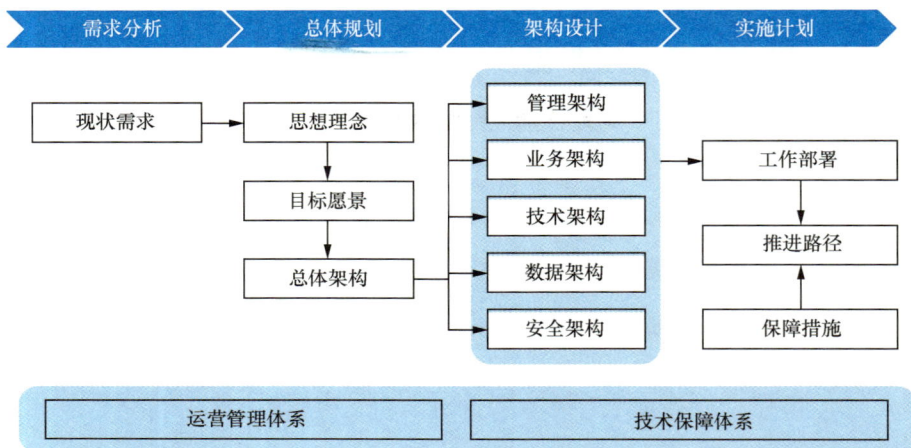

图 3.1 数字政府建设总体思路

数字政府的顶层设计实践

2018 年 7 月 25 日，为了深入推进"放管服"改革，更好地为企业和群众提供全流程、一体化的在线服务，国务院印发《关于加快推进全国一体化在线政务服务平台建设的指导意见》，以进一步强化顶层设计、整体联动和规范管理，加快建成全国一体化在线政务服务平台。

在党中央、国务院的统筹领导下，各地为实现数字政府统筹管理，加大力度推进数字政府建设，纷纷成立政务服务、政务大数据等管理机构。同时，各地以顶层设计为突破口和切入点，出台了各具特色的数字政府顶层设计和实施方案，推动了数字政府改革的快速落地。

国务院：建设全国一体化在线政务服务平台

全国一体化在线政务服务平台由国家政务服务平台、国务院有关部门政务服务平台（业务办理系统）和各省（自治区、直辖市）政务服务平台组成。其中，国家政务服务平台是总枢纽，各省（自治区、直辖市）政府服务平台和国务院有关部门政务服务平台是具体办事服务平台。

国家政务服务平台建设了统一政务服务门户、统一政务服务事项管理、统一身份认证、统一电子印章、统一电子证照等公共支撑系统和电子监察、服务评估、咨询投诉、用户体验监测等应用系统，构建了政务服务平台建设管理的标准规范体系、安全保障体系和运营管理体系，为各省（自治区、直辖市）政府服务平台和国务院有关部门政务服务平台提供公共入口、公共通道和公共支撑。

作为总枢纽，国家政务服务平台连通各省（自治区、直辖市）和国务院有关部门的政务服务平台，实现政务服务数据汇聚共享和业务协同，并支撑各地区、各部门政务服务平台为企业和群众提供高效、便捷的政务服务。国家政务服务平台以中国政府网为总门户，具有独立的服务界面和访问入口，两者用户访问互通，对外提供一体化服务。

国务院有关部门政务服务平台统筹整合本部门的业务办理系统，依托国家政务服务平台的公共支撑系统，统筹利用政务服务资源，办理本部门的政务服务业务，通过国家政务服务平台与各省（自治区、直辖市）和国务院有关部门政务服务平台互联互通、数据共享、业务协同，依托国家政务服务平台办理跨地区、跨部门、跨层级的政务服务业务。全国投资项目在线审批监管平台、全国公共资源交易平台、相关信用信息系统等专项领域国家重点信息系统也与国家政务服务平台对接。

各省（自治区、直辖市）政务服务平台通过整合本地区各类办事服务平台，建成本地区各级互联、协同联动的政务服务平台，办理本地区政务服务业务，实现网上政务服务在省、市、区（县）、乡（镇、街道）、村（社区）全覆盖。

广东省："管运分离"的管理架构设计

2014 年，广东省在省经济和信息化委员会内部设立了大数据管理局，在全国属于先例。2017 年，广东省成立由省长任组长的数字政府改革建设工作领导小组，并组建了广东省政务服务数据管理局。同时，广东省撤并调整省直单位内设的信息中心，成立广东"数字政府"建设运营中心，承担原省信息中心的建设与技术服务工作及省直部门信息系统建设、开发、运行、维护等相关工作。广东"数字政府"建设运营中心的职责由数字广东网络建设有限公司承担。按照广东省政府要求，广东省各地市、区（县）

参照省级机构进行改革,成立政务服务数据管理局,建立全省数字政府改革建设部署的纵向贯彻机制,形成了纵横协调、管运分离的机构体系。广东省数字政府"管运分离"的管理架构如图 3.2 所示。

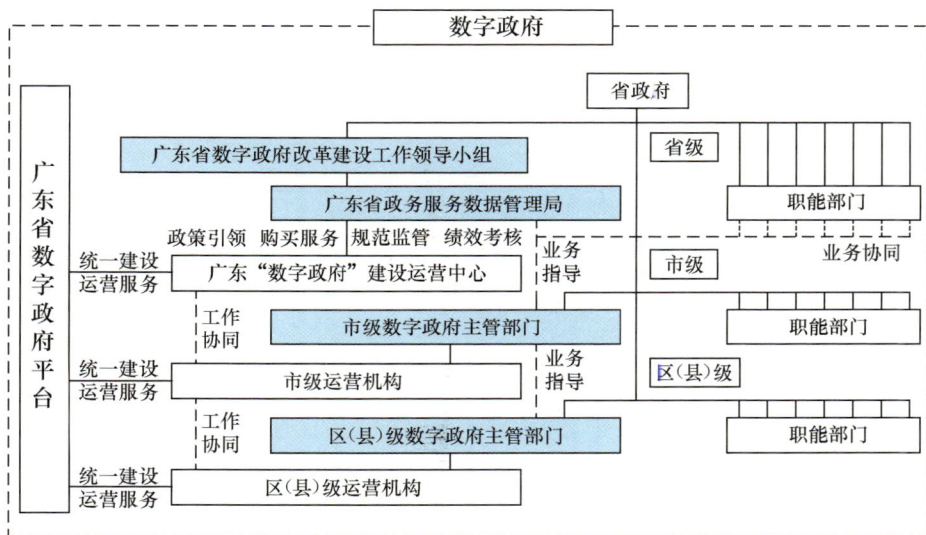

图 3.2　广东省数字政府"管运分离"的管理架构

上海市:"一网通办"的业务架构设计

2018 年,上海市启动了"一网通办"政务服务改革,并基于原有网上政务大厅的架构建立了政务服务领域"一网通办"平台体系,按照"整体政府"的理念建设了统一受理平台,采用"受办分离"的方式实现全市各级、各部门政务服务事项的统一受理,真正实现了"进一网,能通办"。上海市"一网通办"平台业务架构如图 3.3 所示。

上海市数字政府建设根据"整体政府"的建设理念,依托政务服务一体化管理平台、政务服务数据共享交换平台、大数据中心等基础支撑设施,采用三级统一建设模式构建上海市政务服务统一受理平台。政府服务统一受理平台包括业务运行系统、接口服务系统、配置定制系统、运行管控系统和智能支撑系统五大系统，融入网上政务大厅门户，通过互联网向申请对象提供多渠道的在线办理服务，同时通过政务外网为市区各级工作人员提供预审和受理服务。

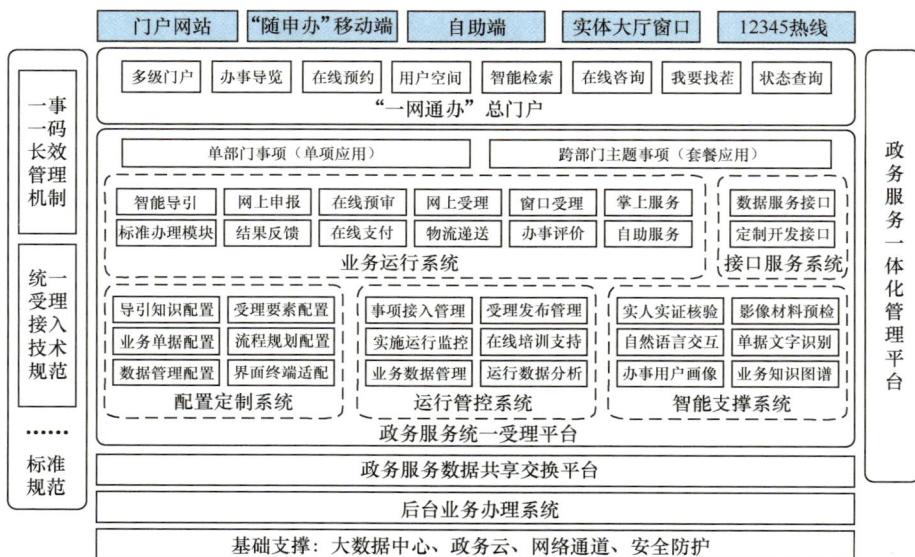

图 3.3　上海市"一网通办"平台业务架构

　　政务服务统一受理平台建设充分利用上海市网上政务大厅现有的应用资源，融合汇聚成熟的第三方服务，平台功能设计主要聚焦以下 3 个方面。一是以移动应用为重要特点的线上线下一体化建设和市区联动，推进掌上办事，融合线上服务、自助服务、大厅服务和数据服务，打通市区级业务办理系统，打造以"我"为中心的立体化、递进式的服务体系。二是注重人工智能应用，充分整合应用业界主流的人工智能技术和工具，提升上海市政务服务整体智能化服务水平。三是注重政务服务数据归集与共享，依托政府服务统一受理平台实现数据采集、数据交换、数据分析、数据共享服务，促进大数据应用。

东莞市：以"数字平台"为核心的技术架构设计

东莞市数字政府的技术架构设计遵循面向服务的体系架构（Service-Oriented Architecture，SOA）设计思想，以服务为核心，提供标准化的服务接口、服务组件和服务访问方式；以复用为原则，尽可能地实现服务在整个数据中心所承载的各类应用中的复用；以服务间的松耦合为基准，提供多种服务组合方式；以灵活的业务编排为手段，满足多种智慧业务的需求。东莞市数字政府技术架构如图 3.4 所示。

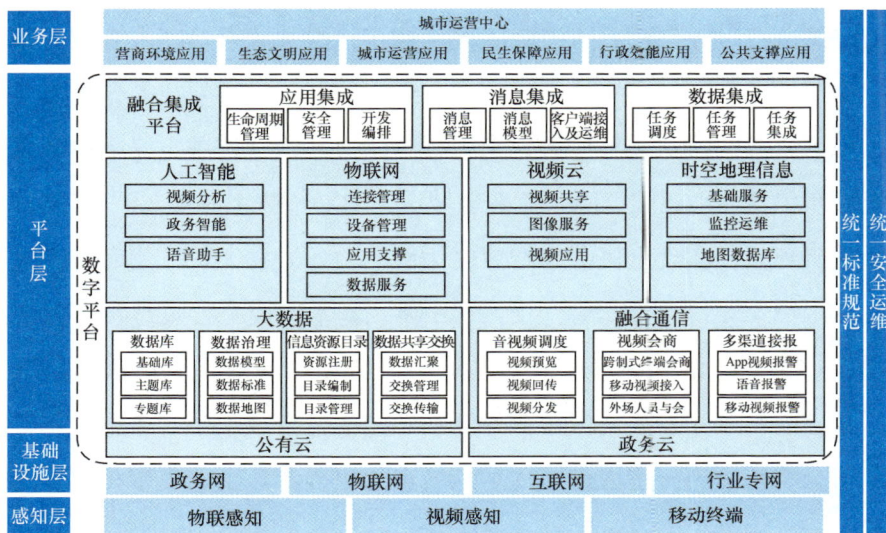

图 3.4　东莞市数字政府技术架构

东莞市数字政府的技术架构以数字平台为核心，提供云计算、大数据、时空地理信息、视频云、融合通信、物联网、人工智能等技术能力。该技术架构注重打破各能力平台、云、网络的边界，连接平台底层能力和应用，打通业务和数据流，通过服务连接应用程序接口（Application Programming Interface，API）对外提供数字化服务，实现平台与智慧应用数字化全连接协同，降低后续智慧应用上线周期，有利于推进智慧应用的快速更新迭代与创新。

《广州市数字政府改革建设"十四五"规划》

2022 年，广州市吸取全球先进国家及地区政府的数字化转型经验，按照全面推进数字政府改革建设要求，开展数字政府顶层设计，形成了具有前瞻性、创新性、开放性的《广州市数字政府改革建设"十四五"规划》。

广州市将以数字政府建设赋能数字经济，推进政府治理全方位、系统性、重塑性变革，形成整体高效的政府运行体系、优质便捷的普惠服务体系、公平公正的执法监管体系、全域智慧的协同治理体系。提高数字民生普惠性和包容性，建成国际一流智慧城市，消除"数字鸿沟2.0"，加快信息无障碍建设，实现全民共享智慧生活新体验，激发实现广州老城市新活力、"4 个出新出彩"新动能。到 2025 年，基本建成"善政慧治、惠企利民、亮点突出"的整体数字政府和城市服务便捷高效、城市治理精细智能、数字经济领先发展、城市部件泛在感知的"全域孪生、自驱进化"智慧城市，将广州市打造成创新型智慧城市的引领者、全面数字化发展的排头兵。

广州市根据数字政府改革建设要求，以系统工程方法构建"二横四纵"的分层总体架构模型，"二横"分别为城市应用层、城市数字底座，"四纵"分别是标准规范、安全保障、运营管理、数据治理。广州市数字政府总体架构如图 3.5 所示。

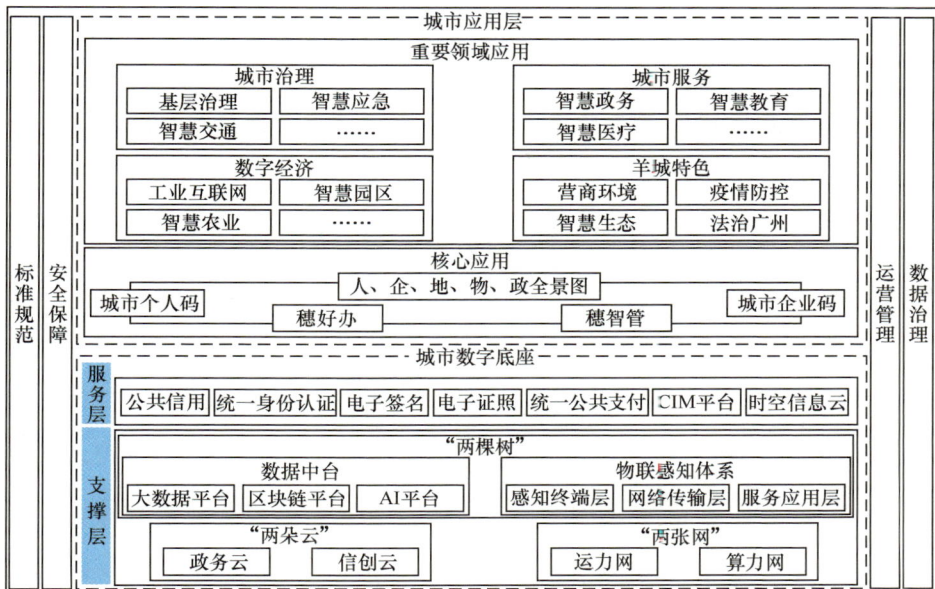

图 3.5　广州市数字政府总体架构

"十四五"期间是推进数字政府高质量建设的关键时期，也是激活经济发展新动能、促进数字便民惠民的重要阶段。广州市将围绕《广州市数字政府改革建设"十四五"规划》提出的目标任务，以数字政府建设全面引领驱动数字化发展，加快建设数字经济引领型城市和国际一流智慧城市，重点将抓好以下 4 个方面的工作。

一是突出普惠均等，开启智慧政务新模式。"十四五"期间，广州市将坚持以人民满不满意作为数字政府改革建设的出发点和落脚点，让群众在数字化发展中更有获得感、幸福感、安全感。广州市将围绕群众衣食住行、生老病死、安居乐业等实际需求，推出更多"好用、管用"的便民服务，增强政务服务供给的精准度和有效性。广州市将围绕企业从设立、运营到退出全生命周期的各个环节，再造审批流程，简化办理环节，压缩审批时限，让企业能在广州舒心经营、安心发展。广州市将重点关注涉及老年人、残疾人的高频事项和服务场景，扎实做好线上线下服务适老化及助残改造，让特殊群体办事"无障碍、不折腾"，更好地共享数字政府发展成果。

二是突出善治慧治，构建超大城市治理新格局。根据《广州市数字政府改革建设"十四五"规划》，广州市将按照"一图统揽、一网共治"的总体治理构想，全面推进城市运行全要素数字化和虚拟化，创新超大城市管理和社会治理模式。广州市已经打造了集感知、分析、服务、管理、指挥于一体的"穗智管"城市运行管理中枢，下一步将依托这个平台，加快布局"万物互联"的智能感知体系，不断丰富交通管理、城市管理、生态环境、应急管理、公安执法等联合治理场景，尽快完善全局"一屏掌控"、政令"一键智达"、执行"一贯到底"、监督"一览无余"的智慧城市管理体系。同时，广州市将深度融入全省"一网统管"体系，促进粤港澳大湾区服务协同、治理协同和监管协同，有效支撑国际一流湾区和世界级城市群建设。

三是突出整体智治，提升政府协同新效能。广州市将围绕建设人民满意的服务型政府总目标，将数字化技术广泛应用于政府决策和管理服务，推动政府治理流程优化和模式创新。一方面，要推动"部门协同有提升"。广州市将聚焦党政部门，以及人大、政协、法院等履职需求，构建市区一体、业务协同的整体政府运行机制，实现跨层级、跨地域、跨部门、跨系统、跨业务协同管理和服务。另一方面，要实现"基层减负有实效"，通过数字化手段为基层减负赋能，推动市区两级数据中心和部门、街（镇）资源池建设，促进数据要素跨部门、跨层级共享配置，优化填表报数系统，避免数据重复采集和"二次录入"，为基层实实在在减负增效。

四是突出开放有序,打造数据要素配置新高地。广州市将坚持"以释放数据价值为目标,以守住数据安全为底线"的要求,建立健全数据要素管理地方性法规,加快培育数据要素市场体系,持续完善数据产业生态圈,提升安全保障能力,全力抢占数据要素市场化发展制高点。充分发挥广州在粤港澳大湾区区域发展中的核心引擎作用,率先探索穗港澳数据要素流通规则,加快建设中新广州知识城国际数字枢纽和南沙(粤港澳)数据服务试验区,探索建立"数据海关",促进数据资源充分汇聚、顺畅流动和深度应用,赋能粤港澳大湾区一体化协同发展。

总之,"十四五"期间,广州将紧紧围绕以人民为中心这一主线,聚焦群众关心关切的办事、看病、出行、创业、监管等热点领域,广泛应用新技术、新理念,通过高水平数字政府建设,推动政府决策更加科学有力、服务体验更加高效便捷、社会治理更加精细人性,为超大城市智慧化、现代化治理提供"广州样本"。

《广州市数字政府改革建设"十四五"规划》为未来广州数字政府建设描绘了"路线图"和"施工图",《广州市数字政府改革建设"十四五"规划》的印发实施也发出了动员令,吹响了冲锋号。广州市将主动作为、精准施策、奋勇争先,全力以赴推动《广州市数字政府改革建设"十四五"规划》确定的各项目标任务落地和实施,为实现老城市新活力、"4个出新出彩"做出更多贡献!

第 4 章

数字政府大平台，
构建一体化基础支撑能力

当前，数字政府建设迈入"集约整合、全面互联、协同共治、共享开放、安全可信"的新阶段，传统的"自建自用、自营自管"的电子政务基础设施建设应用模式已难以有效满足新的发展需要。

数字政府大平台为数字政府建设提供了重要的基础设施及公共支撑资源，由统一的政务云平台、高速的政务外网平台、创新的政务区块链平台和电子印章、社会信用、时空信息云等公共支撑平台组成。其中，政务云平台是"总平台"，它通过建设数据中心与云计算一体融合的政务数据中心，推动政务信息资源共享和业务协同；政务外网平台是"大通道"，是支撑数据快速流动、高效共享的传输动脉；政务区块链平台是"长链条"，通过分布式账本技术，有效解决数据传输和应用中的信任问题，提高数字化合约、证照、签名的可信性；公共支撑平台是"强工具"，是面向政府服务业务的通用性支撑工具，能够快速响应政务服务系统的支撑需求。

建设集网络互联互通、数据共享交换、计算分析、通用性支撑等为一体的数字政府大平台，为数字政府改革建设奠定了扎实的基础，有利于快速实现各类政务业务应用，有助于降低数字政府投资成本，缩短建设周期，提高需求响应速度和应用部署效率，而且对打破"信息孤岛"和"数据烟囱"，促进信息共享和业务协同，提升综合应用效能和整体投资效益等具有重要意义。

云网链基础设施平台建设

政务云平台：构建"安全可靠、弹性伸缩"一朵云

政务云平台是指运用云计算技术，为政府部门提供基础设施、支撑软件、应用系统、信息资源、运行保障和信息安全等综合服务的平台。

政务云在推动实现政府各部门之间、政府与社会各界之间的信息沟通、互联共享，提高政府公共服务效率方面具有非常重要的作用和意义。近年来，从中央到地方出台了多项政策推动政务云的发展。工业和信息化部于 2017 年出台《云计算发展三年行动计划（2017—2019 年）》，明确提出推进基于云计算的政务信息化建设模式，鼓励地方主管部门加大利用云计算服务的力度，应用云计算整合改造现有电子政务信息系统，提高政府的运行效率。《广东省"数字政府"建设总体规划（2018—2020 年）》提出要构建"1+N+M"的广东省"数字政府"政务云，为各类业务应用提供安全、稳定、可靠、按需使用、弹性伸缩的云计算资源能力。2021 年发布的《广东省数字政府改革建设"十四五"规划》则表示要完善全省政务云"1+N+M"总体架构，引入多云管控架构，推动全省政务云资源统一管理、灵活管控。持续推动全省政务应用迁移上云，进一步推进资源整合、数据融合，完善规范可靠的政务云容灾备份体系，保障政务应用安全稳定运行。

政务云作为数字政府体系中的关键基础设施及数字底座，在打破"信息孤岛"、实现数据共享共治方面作用巨大。目前，政务云正在走出"重建设、轻应用"的快速建设期，建设重点由以提供基础资源为主的基础设施即服务（Infrastructure as a Service，IaaS）模式向以数据共享、应用协同为主的平台即服务（Platform as a Service，PaaS）及软件即服务（Software as a Service，SaaS）模式演进，建设模式由政府部门自建自营向采购服务发展。

1. 政务云平台的 3 层架构

我国政务云平台充分整合云计算与云服务的特点，整合基础设施环境中的软件和硬件资源，不断完善 IaaS、PaaS、SaaS，形成了覆盖应用开发、应用集成、应用上云的一体化服务能力，并将这些资源通过服务的形式提供给相关的政府部门用户。政府政务云平台总体架构如图 4.1 所示。

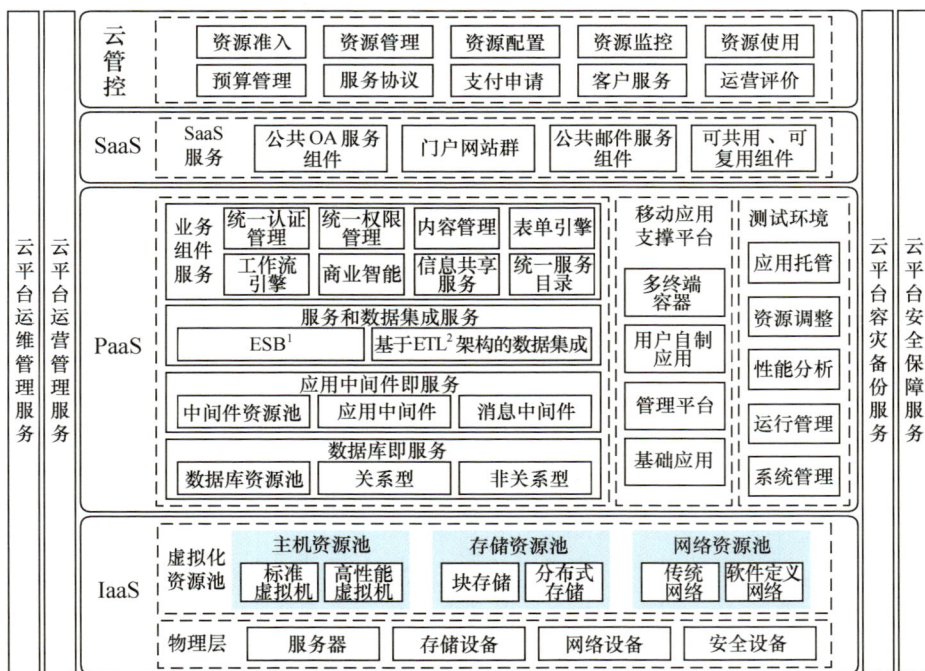

注：1. ESB（Enterprise Service Bus，企业服务总线）。
　　2. ETL（Extract Transformation Load method，抽取、转换、装载方法）。

图 4.1　政府政务云平台总体架构

（1）IaaS

政务云平台应用虚拟化技术实现虚拟的服务器、存储设备和网络设备的进一步池化、服务化和按需交付，为各委办局单位提供虚拟计算、存储、网络、主机托管等服务，满足各个部门的个性化需求，同时形成逻辑统一的资源池，并通过政务云管理平台对底层硬件资源进行统一分配、调度和管理，为各委办局单位提供统一的基础设施服务，提高各委办局单位信息化系统的上线速度，使各委办局单位在信息化建设的过程中更聚焦于业务设计。同时，政务云平台 IaaS 层可提供多租户灾备运维服务及运营管理，集中管控容灾备份系统资源和策略，提供统一灾备部署、备份恢复，实现业务数据的一致性、完整性和可恢复性。

（2）PaaS

政务云平台 PaaS 层提供统一管理、统一服务的数据库、中间件、大数据基础平台、容器等云服务能力。政务云平台 PaaS 层将现有的各种业务能力整合，向下根据业务能力需要测算基础服务能力，通过 IaaS 层提供的 API 调用硬件资源；向上提供业务调度中心服务，实时监控平台的各种资源，并将这些资源通过 API 开放给政府部门用户。

政务云平台 PaaS 层对平台服务资源进行整合和池化管理，通过云基础平台均衡功能、动态分配，实现资源高效利用。政府各部门用户作为政务云平台服务的使用者，在不需要购买数据库和开发软件的情况下，可直接使用政务云平台的服务，快速建立自己的业务系统。

（3）SaaS

政务云平台 SaaS 层在 IaaS 层、PaaS 层的基础上为用户提供按需使用的公共应用软件服务，从而使各个用户不再自建和运维相应的应用系统，避免重复建设。

政务云平台 SaaS 层依托 IaaS 层基础设施资源能力和 PaaS 层平台实例服务能力部署全市通用的政务公共应用，主要为政府各部门提供统一的即时通信服务、智能图像服务、视频服务、智能客服服务、舆情分析服务、云盘服务、短信通知服务、微信开发平台、位置服务、商业智能报表决策服务等。

统一建设政务云平台可以减少政府部门购买、构建和维护基础信息设施的费用支出。政府部门只需要申请政务云平台的资源，即可快速获得公共应用服务。政务云平台将应用软件部署在统一的资源池上，可避免终端用户在服务器硬件、网络安全设备和软件升级维护上的重复投资。

2. 广州市政务云平台建设的实践案例

2014 年以来，广州市按照集约建设的原则，通过采购 3 家云服务商提供的政务云服务，构建统一的广州市政府信息化云服务平台（即政务云平台），为市级政府各部门提供高效、安全、可按需使用的政务云服务，为打造统一安全政务云平台、一体化网上政务服务平台、数据资源融合平台，构建一网通办的"互联网＋政务服务"体系打下坚实的基础。

广州市政务云服务平台自运营至 2021 年 12 月 31 日，已为 520 多家单位、1900 多个业务系统提供支撑服务，完成了超过 13000 多台虚拟服务器、2700 多台物理服务器、23000 多 TB 存储、2200 多套中标麒麟国产操作系统、220 多套达梦国产数据库、超过 1500 套开源软件及中间件等主要云服务资源的供给。广州市在政务云平台建设、标准制度建设、精细化运营、云安全保障等方面逐步总结出政务云建设的广州实践经验。

（1）突出标准引领

广州市建立了系统迁移、云资源申请、资源动态调整、资源撤销等全流程的制度规范体系。一方面，制定了广州市政务云管理办法及实施细则，规范各方职责，明确政务云管理的流程，确保政务云有序运营，使广州市政务系统和数据安全稳定运行；另一方面，建立了配置科学、职责明晰、边界合理的广州市政务云管理工作机制，在广州市政务云平台的规划、部署实施、运营、评估等生命周期的各个阶段形成合力，充分发挥广州市政务云建设各相关方的专业特长，调动各相关方的积极性，以监管促进政务云运营工作的改进，以评估促进政务云服务效能的提升，构建从问题发现到问题解决的高效闭环工作机制。

（2）采用"一地三中心"模式保障云服务可靠性

广州市政务云平台的 3 家云服务商分别在其所在地建设云服务中心，并按要求分别在其所在地建设备用中心（3 主 3 备），以保障业务的稳定运行。3 个云服务中心的网络统一接入政务外网，并统一接受政务信息化主管部门的监管，用户单位根据应用情况可自行选择任意一家服务商进行服务租赁。

广州市按照"统一组织、先易后难、分步实施"的原则，积极推动全市政府部门用户的非涉密政务信息系统逐步向政务云平台迁移，各部门原则上不再保留自建系统的机房。同时，广州市政务云平台纳管各区、各部门已建的政务云平台，对于采用各区、各部门自建模式建设的政务云平台，不再扩容其资源规模，且需要按照广州市政务云平台的要求将其接入并进行管理。

（3）建设统一的异构多云统一管理平台，推动政务云的精细化运营管理

广州市政务云平台通过建设统一的云资源管理平台，实现云资源的动态分配和弹性伸缩。一方面，在资源层面实现了无缝管理，包括计算资源、存储资源、网络资源、数据库资源、中间件资源、安全资源、备份资源等云资源的统一管控，提升了政务云资源的利用率；另一方面，在业务

层面实现了业务服务统筹运营，即实现云资源申请、资源变更等在云资源管理平台中统一的无差异化管理，推动了政务云平台的精细化运营。

（4）做好安全保障，确保云上应用安全稳定运行

针对云上业务系统可能存在的安全防护薄弱、安全运营分散、缺乏演练等问题，广州市持续提升政务云平台安全风险监控、预警水平，加强系统上线前的风险评估，杜绝系统"带病上云"；定期开展覆盖政务云上系统的实战化网络安全攻防活动，通过演练发现并及时清除安全隐患，确保政务云上系统的安全稳定运行。

广州市统一建设的政务云平台应用效果显著，主要表现为以下4个方面。

一是提升了政务信息化建设管理的统筹能力。统一的资源服务及管控平台系统为开展全市信息化整体规划、资源调配、工作部署、统筹管理等提供了更科学、更有效的支撑和依据。

二是提升了资源利用率、系统建设效率、效益及灵活性。统一建设的政务云平台有效节省了建设投入和管理成本。各单位不需要经历传统的硬件和系统软件采购招标、安装、集成等流程，缩短了项目建设周期。经测算，统一的云服务降低了信息化项目建设硬件采购成本，项目部署周期平均缩短了70%以上。

三是提升了基础支撑环境的运维、管控能力。通过发挥云服务商基础配套设施全面、专业人才聚集的优势，政务云平台的机房配套环境、基础软硬件系统、网络安全防护等运行维护能力得到了提升。

四是为公共支撑平台提升服务水平奠定基础。建设政务云平台、统一标准规范，为广州市下一步加快提升政府大数据中心、协同审批系统、电子证照等公共支撑平台的服务水平奠定了基础。

政务外网平台：构建"横向到边、纵向到底"一张网

政务外网是政府办公业务网络，主要服务于党委、人大、政府、政协、法院和检察院等政务部门，满足其经济调节、市场监管、社会管理和公共服务等方面的需要。

为了满足数字政府发展对政务网络的要求，政务外网平台主要从网络服务能力、网络安全保障能力、网络管理能力等维度着手，实现政务服务对象"一网连接"、政务数据"一网打通"、政务业务"一网承载"，提供标准化、模块化的网络服务，从而推动各级政府部门利用政务外网开展业务应用，推进政务信息资源的整合共享，提高政府社会管理和公共服务水平。

政务外网平台通过构建集中统一的网络体系、统一的信任体系和统一的网络安全防护体系，支持各业务之间的互联互通，支持跨地区、跨部门的业务应用协同。政务外网平台需要纵向连通国家、省、市、区（县）、乡（镇、街道），并将政务服务延伸到村（社区），使政务服务惠及全民。政务外网平台同时横向联系所有同级政务部门，促进政务网络互联互通和政务资源共享，形成统一的政务网络和资源共享平台，为各级政务部门的社会管理、公共服务提供支持。

1. 政务外网平台的总体架构

政务外网平台总体分为纵向广域网和横向城域网两个维度。纵向广域网采用主备网络结构，骨干总线按照广域的省、市、区（县）、乡（镇、街道）、村（社区）的需求建设，省、市、区（县）、乡（镇、街道）广域核心之间均采用口字形互联结构，提高网络安全性。横向城域网按照省、市、区（县）、乡（镇、街道）等级分别建设，其中，省级城域网按照"核心—汇聚—接入"三级架构部署，覆盖全部省级部门；市、区（县）、乡（镇、

街道）级城域网按照"核心—接入"两级架构部署，覆盖各级委办局。政务外网平台架构如图4.2所示。

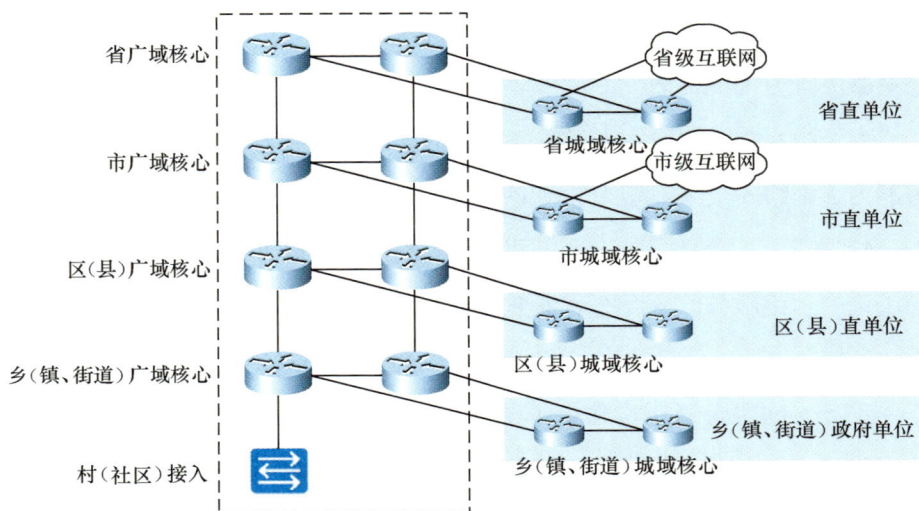

图4.2　政务外网平台架构

政务外网多元化接入是发展的必然趋势，目前我国着手打造以有线网络为基础、以无线网络为补充的接入模式，两种模式相互协同促进政务外网的发展。一般业务场景下，用户可以采用有线方式接入政务外网；对于无法提供有线覆盖或有特殊需求的业务场景，例如，远程办公、移动执法、应急救援等，用户可采用4G、5G、公网切片、无线专网、卫星通信等方式接入政务外网。政务外网平台通过多元化的网络接入手段，满足不同业务应用灵活的网络接入需求。

健壮的网络架构是政务外网平台的网络服务基础，提升网络架构的稳定与可靠是政务外网发展的根本。目前，我国各级政府通过利用各大电信运营商的网络资源，构建了纵向骨干网络的主备网络平面，提升了政务外网的韧性；在横向网络上，实现了重要用户单位双归链路接入，提高了政务外网服务的可靠性；同时已有多个省市通过购买电信运营商的网络服务，构建至简网络，减少网络层级，实现管理架构的扁平化，进一步提升了网络服务的效率，保证政务外网用户之间的互联互通。为了更好地支撑政务发展，政务外网积极向基层延伸，目前已实现国家、省、市、区（县）、乡（镇、街道）五级政务外网全覆盖，村（社区）一级按需接入，实现了政务外网平台"横向到边，纵向到底"的政务网络"一张网"。

政务外网平台的互联网出口是政务对外服务的窗口。它依托边界网关技术优化公众用户的体验，提升用户对政务服务的满意度。运维部门应加强政务外网平台的互联网出口安全防护，将互联网业务与政务外网业务严格隔离，避免出现网络"跳板"，影响政务外网的安全性，从流量隔离的角度为互联网出口单独规划一个逻辑平面，实现互联网与政务外网互访流量、其他流量的逻辑隔离。

2. 广州市政务外网平台建设的实践案例

广州市遵循"统一稳定架构，市、区、镇（街道）、村（社区）四级全覆盖，大带宽、低时延、安全可控、技术先进"的理念建设政务外网平台，其主要特色包括以下 6 个方面。

实现了统一的网络架构、统一的业务承载。政务外网平台构建了多应用平面目标网络，实现全市政府部门全覆盖，确保网络架构的规范和安全可靠；实现协同办公系统、政务大数据、统一云平台等应用跨层级、跨部门数据共享、业务交互与协同办公。

解决了"最后一公里"的接入问题。在出差、偏远区域、零散智能终端等特殊场景下，结合网络的实际情况，政务外网平台采用互联网、专线、手机移动网络等多种方式解决了智能终端的接入问题。

建设了高可靠、低时延的传输专线。传输专线具备安全稳定、低时延的特点，保障高品质业务的需求。政务外网平台通过建设最新光网络，实现更低的时延，每条专线同时具备多路由光缆保护能力。

提供可靠安全防护。政务外网平台从边界、流量、接入、终端4个方面部署安全系统，统一进行安全防护，重点解决人员接入认证、互联网攻击防护、信息安全防护等网络安全保障问题。

推动了专网整合。广州市采用虚拟专网的方式进行业务隔离，推动部门业务专网向政务外网融合，打破"信息孤岛"，避免重复投资，实现资源共享。

实现了高效建设和运维管理。广州市通过制定统一的建设标准、统一的接入规范，避免政务外网重复建设和网络结构复杂化；通过设置统一网管，实现分权分域管理，提升各级维护部门人员的工作效率和网络服务保障效果。

目前，广州市政务外网用户包括110多家市财政一级预算单位、11个区、750多家市财政二级预算单位和国有企事业单位，承载的业务系统超过1000个，主要包括政务云管控平台、市数据中心数据共享交换系统、电子证照系统、各政务部门门户网站、办公自动化系统、电子邮箱系统、网上办事系统等。

广州市在政务外网平台的建设过程中，摸索出一整套行之有效的管理和实施经验。

（1）制定一系列配套政策，健全管理机制

传统的电子政务外网由于没有统一的运营管理平台，在管理上不统一，无法更好地发挥政务外网的应用价值。广州市通过制定政务网络的管理规范，健全管理机制，以技术和管理创新推动政务外网的发展，形成界面清晰、权责统一、规范有序的管理体系。管理体系明确政务服务数据管理单位、业务管理单位的工作责任，确定各方的工作范围和工作流程。

为了保证网络服务的可靠性、稳定性及连续性，降低网络对接入用户的影响和风险，广州市制定了服务考核评价体系，明确评价主体、评价标准、评价指标、评价方法及评价结果运用，推动服务考核评价体系的制度化、规范化和科学化。广州市通过构建良性向上的网络考核评价体系，不断激励各个服务提供商提升服务质量和服务水平。

（2）建设全市统一的网络监测平台

为了实现对政务外网的统一监测，提前发现存在的问题，广州市建设了全市统一的网络监测平台，精准识别网络资产信息。网络监测平台通过采集网络通信、计算环境、业务应用、脆弱性、安全事件、运行状况、审计日志和威胁情报等数据，分析网络的状态和变化趋势，对各区、各部门的网络应用、网络运行状态进行全天候、高灵敏的信息监测和安全态势感知，各部门根据监测结果提前干预和调整，从而保障网络的稳定运行。同时，网络监测平台引入智能网络控制技术，为政务外网提供精细化服务质量（Quality of Service，QoS）策略控制及管理，实现业务流量的灵活调度，保障业务网络的需要。

（3）分级建设网络可视化管理平台

网络可视化管理平台具备拓扑发现、故障管理、性能管理、端到端虚拟专用网络（Virtual Private Network，VPN）业务发放、网络质量监控等功能。为了提升政务外网的智能管理、业务部署、故障分析能力，广州市分级建设网络管理平台，实现各级政务外网可视化管理。各区网络管理平台实现与市级网络管理平台的对接，市级网络管理平台界面统一呈现市级及各区网络的各类资源信息，包括用户接入数据、告警数据、安全数据等，实现全市"一张网"的统一监控。

（4）加强市、区网络业务协同管理

为了加强市、区之间的联动和统一认识，提升运营服务的效率和质量，广州市政务外网构建全市统一的智能化运营服务平台。当市、区政务服务管理单位、各级业务主管部门之间有业务联动需求时，由政务服务数据管理单位或各业务主管部门通过运营服务平台完成确认，实现市、区政务服务管理单位之间、各级业务管理单位之间管理的无缝衔接，提升全市业务管理的协同效率。

（5）提升网络安全保护能力

广州市政务外网平台安全防护根据国家相关的法律法规所要求的安全标准规范设计，按照《信息安全技术 网络安全等级保护基本要求》（GB/T 22239—2019）开展政务外网安全加固工作，市级城域网安全等级保护满足安全等级保护 2.0 第三等级要求，市至区级广域网和市级以下城域网满足安全等级保护 2.0 第二等级要求。结合当前政务外网的安全现状，广州市从安全技术、安全运营管理、安全运维 3 个方面开展安全建设，打造了运营平台化、管理一体化、已知威胁防御、未知威胁防御、态势可感知、事件可预警、事故可追溯、安全可闭环的政务外网安全体系。

（6）统一互联网出口管理

广州市政务外网平台通过统一各级政务单位对外公共服务业务系统的互联网出口，加强出口区域安全技术防护，实现了互联网出口的统一管理，解决了原来广州市各政务单位均有互联网出口，互联网出口安全防护能力不统一，有些互联网出口仅设有单台防护设备，缺少完备的安全防护能力（例

如，防 DDoS[1]、防病毒、行为审计等），容易遭受网络攻击等问题。

（7）推动自主可控的网络建设

根据《信息系统密码应用基本要求》（GM/T 0054—2018）及《信息系统密码测评要求（试行）》，广州市政务外网平台通过对物理和环境、网络和通信、设备和计算、应用和数据等层面进行国产商用密码应用设计，加大自主可控力度，保障基础设施及关键信息安全。在安全等级保护三级信息系统建设中，广州市采用密码技术的完整性、真实性、机密性、不可否认性服务来确保信息系统在物理和环境、网络和通信、设备和计算、应用和数据等方面的安全性。

政务区块链平台：构建"智能合约、可信溯源"一条链

区块链是利用块链式数据结构来验证与存储数据、利用分布式节点共识算法来生成和更新数据、利用密码学的方式保证数据传输和访问的一种全新的分布式基础架构。近年来，区块链技术在金融、医疗等多个领域进行了应用探索，并取得了丰富的成果。由于区块链技术的特性与数字政府的发展需求匹配度较高，各级政府开始在数字政府服务领域引入区块链技术，以区块链技术作为底层技术支撑的政务服务系统以全新的思路推动了政务服务的深化发展。

区块链技术在政务服务中还处于初步探索应用阶段，但区块链技术以其优越的性能使各级政府均对其持积极的态度。2016 年 12 月，国务院印发《"十三五"国家信息化规划》，区块链作为战略前沿性技术、颠覆性技术被写入国家规划。2021 年 6 月，工业和信息化部、中央网络安全和信息化

1　DDoS（Distributed Denial of Service，分布式拒绝服务）。

委员会办公室联合发布《关于加快推动区块链技术应用和产业发展的指导意见》，提出"推动区块链和互联网、大数据、人工智能等新一代信息技术融合发展，建设先进的区块链产业体系"。

区块链有望成为全球技术创新和模式创新的"策源地"，推动"信息互联网"向"价值互联网"变迁，其"去中心化"、难以篡改、公开信任、可追溯的技术特点适用于政务管理和公共服务各种类型的应用场景，前景广阔。

一是有利于构建全新的社会信用体系。区块链构建了一种全新的信用体系，不再依赖于第三方机构进行信用担保，而是通过应用非对称加密技术、智能合约等技术形成新的信用认证范式，明确了各使用方对数据的所属权。以区块链为底层技术支撑的信用系统将囊括企业或个人行为的永久记录，成为社会网络成员在交往互动过程中可靠的信任依据。

二是有利于充分发挥政务信息资源的作用。点对点的分布式账本功能使区块链系统中的每个参与主体都能读取与存储数据，任何数据的更新都会同步至整个网络，同时也需要得到网络中每个成员的确认。它同时也实现了数据的多重备份，极大地提高了政府数据库的容错性和安全性。区块链技术为政府部门之间的资源联通与共享提供了很好的实现平台，各部门可以共享、共建信息资源，既能避免重复建设，又能深度整合政务资源，同时利用大数据技术等深度挖掘、开发、利用政务信息资源。

1. 政务区块链平台的部署和应用

政务区块链平台综合了区块链技术和传统分布式数据库的特性，对数据的所有操作以交易记录的形式记录在区块链上，从而建立了一个分布式、可溯源、公开透明、不易篡改的系统。政务区块链平台总体架构如图 4.3 所示。

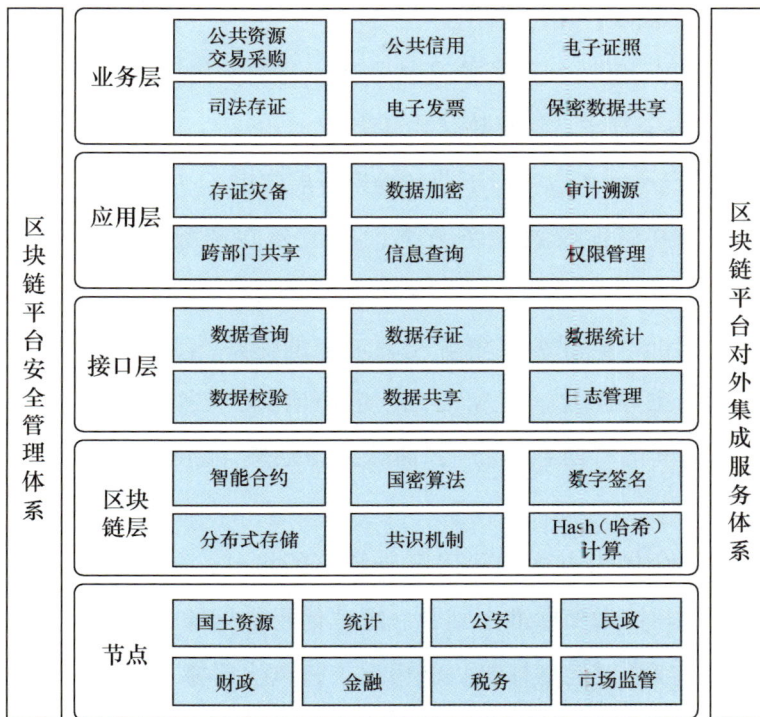

图 4.3　政务区块链平台总体架构

政务区块链平台总体架构功能如下。

- 节点：包括省、市、区（县）多级政府部门单位，以及其他使用区块链的机构。

- 区块链层：包含智能合约、国密算法[1]、数字签名、分布式存储、共识机制、Hash（哈希）计算等模块。

- 接口层：提供数据查询、数据存证、数据统计、数据校验、数据共享、日志管理等服务。

- 应用层：包括存证灾备、数据加密、审计溯源、跨部门共享、信息

1　国密算法（国产密码算法）是指国家密码局认定的国产商用密码算法，金融领域目前主要使用公开的SM2、SM3、SM4共3类算法，分别是非对称算法、哈希算法和对称算法。

查询、权限管理等应用。

- **业务层**：包括公共资源交易采购、公共信用、电子证照、司法存证、电子发票、保密数据共享等。

政务区块链平台可以在以下业务场景开展应用。

一是在公共资源交易服务方面，打造公共资源交易区块链共享平台，对工程建设、政府采购、综合交易等全类型、全流程电子化交易业务数据及时存证，确保公共资源交易流程的完整性、数据的真实性，推动交易信息、主体信息、专家信息、信用信息、监管信息等可信记录，打破监管部门间的"信息孤岛"，消除数据壁垒，创新公共资源交易服务模式。

二是在社会信用方面，利用区块链可信机制，与实名认证、电子签名、电子签章等技术和标准相结合，规范信用数据的采集、归集、共享、使用及管理，加强对信用评级、信用记录、风险预警、违法失信行为等信息的披露和共享使用，有助于完善"事前承诺、事中监督、事后惩戒"的监管体系。同时，区块链技术可以促进市场监管、商务、海关、交通运输、生态环境、住房和城乡建设、金融等部门和机构之间公共数据资源的互联共享。

三是在电子证照方面，依托政务区块链平台，形成可信存证体系与跨区域电子证照核验体系，确保电子证照生成、管理与应用全过程可信，从而推动电子证照、电子资料、电子档案、电子签章等跨层级、跨部门、跨区域的共享互认，围绕不动产登记、营业执照申办等领域开展应用示范，并结合人脸识别技术实现电子证照刷脸调取，打造验证、发证、管证等电子证照全链条共享。

四是在司法存证方面，运用区块链技术推动解决司法领域"取证难、示证难、认证难、存证难、质证难"等问题，在公证、仲裁、司法鉴定、人民调解等公共法律服务领域，围绕法律法规全生命周期管理、行政执法全过程记录、监狱刑罚执行、罪犯改造表现评价和政法跨部门业务协同等领域发展区块链应用。

五是在电子发票方面，建立税务链基础平台，逐步向社保费征收、税务数字档案共享、不动产税务征收和大企业应用等场景拓展。打造区块链电子发票平台，推动重点景区、酒店、餐饮等行业区块链电子发票全覆盖，也可在出租车、地铁、公交等交通运输场景部署区块链电子发票应用。

2. 广州市政务区块链平台建设的实践案例

2020 年 5 月，广州市工业和信息化局印发《广州市推动区块链产业创新发展的实施意见（2020—2022 年）》，提出加快推进广州市区块链和经济社会融合发展，促进区块链技术在建设网络强市、发展数字经济、助力经济社会发展等方面发挥更大的作用，抓好区块链技术创新、应用落地、产业发展，推进"建链、上链、用链"工程，打造具有核心竞争力的粤港澳大湾区区块链技术和产业创新发展高地等目标。

2020 年 6 月，广州市政务服务数据管理局印发《广州市政务区块链 + 营商环境工作方案》，统筹推进政务区块链基础平台建设和应用，围绕全市统一的政务区块链基础平台、构建数字政府公共区块链基础应用等五大方面提出 12 项工作任务。目前，全市已建成统一的政务区块链平台，通过该平台提供区块链 + 电子印章、电子证照、电子档案、信用共享等基础应用，实现 60 多类 1469 多万条业务数据上链。广州市政务服务数据管理局印发《广州市政务区块链平台接入应用指引》，组织开展全市区块链应用培训，推进区块链技术在营商环境、数字政府、民生服务等领域的广泛应用，已上线 20 多个政务服务领域应用场景。2022 年 1 月，广州市获评国家区块链创新应用综合性试点单位。

为把区块链技术广泛应用到数字政府营商环境的各个领域，广州市积极开展本地区块链建设标准化工作，针对行业和场景应用，开展了基于联盟链的标准规范研制，按照政务数据治理的整体规划制定区块链数据标准体系，不断加强对区块链技术的引导和规范，定义了区块链基础架构、存储格式、数据结构等约束性数据标准，形成了一批关键标准和测试用例。同时，广州市不断加强对区块链技术规范应用的测试和监管，邀请第三方专业检测机构拓展区块链测试能力，支持跨行业、跨领域的区块链创新应用测试平台建设，建立了完善的区块链技术的监管保障体系，确保广州市政务区块链及营商环境应用的安全性和规范性。

（1）全市统一的政务区块链平台

2020 年 9 月，广州市建成全市统一的政务区块链平台。该平台是基于区块链技术生成的市级新基础设施，是广州市探索利用区块链数据共享模式，实现政务数据跨部门、跨区域的共同维护和利用，促进业务协同发展办理，深化"最多跑一次"改革，为人民群众带来更好的政务服务体验的具体举措。广州市政务区块链平台服务架构如图 4.4 所示。

广州市政务区块链平台部署在政务云平台上，根据需求组建不同的区块链网络和业务通道（子链）。政务区块链平台已经沉淀典型通用的区块链应用场景，内置智能合约功能，支持根据具体应用场景定制待上链数据账本格式，对各个接入部门提供数据上链存证、查询、核验、溯源等能力，以简化、方便、直观为原则对各个系统开放并接入服务。各个接入部门系统只需要通过通用跨平台接口对接区块链平台，就可在政务区块链平台管理端查看上链数据的情况。

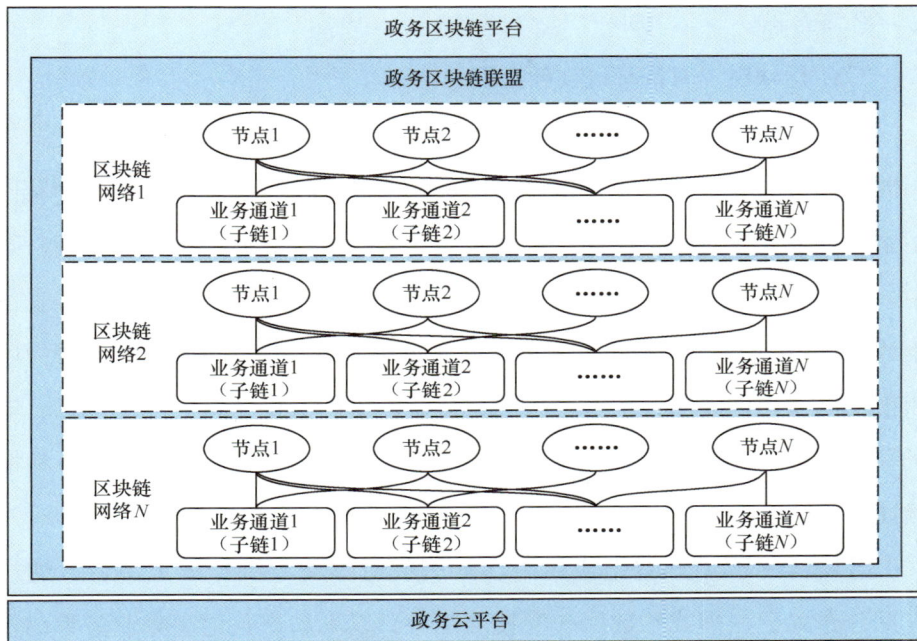

图 4.4 广州市政务区块链平台服务架构

（2）区块链可信相互认证

利用区块链的可信相互认证技术，实现所有数字证书签发的证书认证机构（Certificate Authority，CA）之间互认，破除区域保护，促进业务协同办理，降低运营成本，丰富区块链应用场景，提升政府管理和服务的效率。政务区块链平台利用可信认证技术对接各委办局业务，形成电子印章、税务处理、行政公文发布、粤港澳大湾区防疫等应用场景，基于区块链技术数据的高可信度，签章、日志、登录等行为全记录上链，为运营平台方未来的管理提供数据支撑。广州市将利用区块链数据共享模式和区块链网络提供的开放、信任和公平模式，将平台向粤港澳大湾区乃至全世界推广，实现数据跨区域共同维护和利用，支撑粤港澳大湾区乃至全世界的数字经济合作。

（3）区块链 + 营商环境创新应用

广州市将政务区块链平台应用推广至供电局、统计局、税务局、卫生和健康委员会等多个单位，推进了区块链和经济社会融合发展，充分发挥了区块链作为新基建的功能。目前，已有十多类电子证照数据上链，其中，食品经营许可证 41 万份、营业执照 300 多万份。一体化政务服务平台累计上链 10 万份电子档案。另外，广州市区块链可信认证服务平台可为广州市及港澳地区的用户提供全程一体化、网络的身份认证、电子签章、电子签名服务，为业务流转提供可信的基础设施，为业务的可靠性、不易抵赖性保驾护航。

区块链 + 不动产登记应用。广州市改造不动产统一登记平台，通过发挥分布式记账模式和数据加密技术优势，以不动产登记高频业务为切入点，把与登记相关的市场监管、公安、税务、民政、住房和城乡建设等部门的相关数据集中到一条链上，推进企业间存量非住宅登记、抵押登记、涂销抵押登记、存量房转移登记"一网通办"等场景的区块链技术应用，实现"减材料、减跑动、减时限、减环节"。区块链技术实现了广州市不动产登记机构数据实时更新和同步安全共享，为企业和群众提供跨区域、不间断的不动产信息查询服务。

区块链 + 开办企业。广州市推动开办企业涉及的各部门业务数据上链，推进申请营业执照、刻制印章、申领发票、就业和参保登记、住房公积金缴存登记、预约银行开户等事项的融合办理，推动企业生产经营后续环节应用，为企业全生命周期提供全链条的便利化服务。

区块链 + 公共资源交易。基于区块链技术研发的"账户通""易链签""易链保"及"链资信"等应用工具可用于工程建设项目招标投标、政府采购、土地使用权和矿业权出让、药品集团采购、城市更新招商等公共资源交易领域，实现业务办理从现场、计算机端向移动端转移，进一步优化了业务流程，达到利企便民的目的。

区块链 + 企业链码。 广州市构建"一企一码一户"的企业链码平台，设立政务区块链平台企业入口，企业注册后领取唯一的企业身份链码和区块链账户。广州市基于企业链码平台搭建可溯源的区块链企业档案，构建新型区块链企业信用体系，发挥信用激励作用，实现"一链通行"，并基于政务区块链的企业链码入口，主动向企业推送各类涉企政策，实现政策和服务的精准对接，发挥营商环境助推企业发展的作用。

（4）政务联盟链社区

广州市政务联盟链社区依托政务区块链平台，整合全市已经建设的区块链应用，包括区块链 + 电子发票、区块链 + 社保、区块链 + 政策兑现、区块链 + 用电服务等，建立广州市政务联盟链社区，制定联盟规则和奖惩机制，从机制和技术上保障数据共享功能的实现，从社区自治的角度促进全市数据共享，有效解决了数字政府建设过程中面临的信息壁垒、环节壁垒、层级壁垒、监管壁垒和信任壁垒等问题，提高了政府部门之间的协同能力，推动了广州市区块链产业的发展。

在税务方面，广州市实现了在股权转让场景下应用联盟链，广州市政务服务数据管理局提供支链供个人纳税记录上链，实现市场监督管理局和税务局的信息闭环，解决了两个部门之间前置交换误传漏传的问题；在门户网站方面，广州市统计局通过数据上链，解决了数据可信问题；在医疗方面，广州市提供医院检验证明互认平台，使医疗数据上链，解决了数据易被篡改的问题，使数据权责明晰并可追溯。

公共支撑平台建设

公共支撑平台为业务应用系统提供通用服务能力支撑，包括电子印章、电子证照、社会信用公共平台、时空信息云平台等内容。此外，移动政务应用平台、智能客服平台、统一身份认证、非税支付平台等也可被纳入公共支撑平台。

电子印章

电子印章是指基于可信密码技术生成身份标识，以电子数据图形表现的印章。2019 年，《国务院关于在线政务服务的若干规定》发布，明确"电子印章与实物印章具有同等法律效力，加盖电子印章的电子材料合法有效"。2020 年，广东省为加快数字政府建设，在充分借鉴各地电子印章管理暂行办法的基础上，着手制定《广东省电子印章管理暂行办法（征求意见稿）》。2021 年，《广东省国民经济和社会发展第十四个五年规划和 2035 年远景目标纲要》印发，提出"到 2025 年，高频服务事项实现 100%'指尖办'，基层高频服务事项实现 100%'四免''零跑动'"。其中"四免"是指政府部门核发材料原则上免提交，业务表单数据原则上免填写，可用电子印章的免用实物印章，可用电子签名的免用手写签名。

自 2004 年《中华人民共和国电子签名法》通过至今，我国电子签名行业已经形成较为完善的产业链。近年来，随着区块链技术的快速发展，电子签名行业迎来大发展。2020 年 12 月，中国电子工业标准化技术协会正式发布《区块链电子签章 参考架构》（T/CESA 1128—2020），该标准指出区块链电子签章是将区块链技术与传统电子签章技术融合形成的新型电子签章形式。区块链电子签章的印章图案以"物电同源电子印章"为唯一数据源，并由公安部有关部门统一备案管理，从而确保区块链电子印章上链数据的合法性，同时提升整体签章流程的安全性和可追溯性。

广州市电子印章平台建设案例

此前，广东省、市、区（县）很多平台的 CA 不能互认，或者互认过程复杂、流程长，存在一家企业需要办理多个 CA 认证的问题，这不仅给企业带来了额外的成本开支，而且增加了系统管理和维护的复杂度。为了整合多个第三方认证资源，统一服务渠道，建立良好的可信服务生态，基于数字证书技术，利用区块链的高效确权存证、全程留痕溯源、多方可信共证等特点，广州市建成全国首个区块链可信认证服务平台——"信任广州"数字化平台。该平台提供自然人（内地）可信身份认证服务、香港及澳门可信身份认证服务、数字证书类服务、电子营业执照认证服务、电子印章类服务、公安印模数据同步服务等能力，实现跨部门、跨平台、跨地区互认。"信任广州"数字化平台已接入 10 家 CA 服务机构，为企业开办、存量房网签、科研项目电子合同签署、政务服务"一网通办"、供电、供水等领域提供电子印章、电子签名等服务，共计发放电子印章 27.6 万枚。

广州市可信认证服务区块链平台定位为广州市综合性的公共服务管理平台，其主要包括三大核心功能。

一是交叉认证。与公安部互联网身份认证平台、电子营业执照平台、电子印章制作体系对接，为全市提供统一的电子印章管理和运行保障服务。

二是可信认证服务管理。区块链智能合约为应用系统提供电子印章盖章、凭证生成、身份核验、盖章模板、"一企一码"、企业信用等服务。

三是可信服务应用支撑。为市场监督管理局提供新办企业电子印章发放支撑服务，为其他政府部门提供已注册企业电子印章发放支撑服务。广州市可信认证服务区块链平台（电子印章平台）总体架构如图 4.5 所示。

图 4.5　广州市可信认证服务区块链平台（电子印章平台）总体架构

> ❝
>
> 通过建设统一的可信身份认证服务区块链平台，广州市形成了线上线下协同、服务统筹的移动化、整体化、普惠化、人性化服务能力，实现了可信服务跨部门、跨领域、跨区域的共享共用，推动了营商环境和民生不断改善。
>
> ❞

电子证照

电子证照是指由计算机等电子设备形成、传输和存储的证件、执照等电子文件。为解决企业和个人办理各类事项时存在的办证办事难、无理证明多、重复提交多、识别手段少、后台支撑弱等一系列痛点和难点问题，2021 年《政府工作报告》提出要"加强数字政府建设，建立健全政务数据共享协调机制，推动电子证照扩大应用领域和全国互通互认，实现更多政务服务事项网上办、掌上办、一次办"。

相较于传统的纸质文件，电子证照具有非人工识读性、系统依赖性、信息与特定载体之间的可分离性、信息存储的高密度性、多种信息媒体的集成性和信息的可操作性等优点，是各级政府深度推行网络化审批的必要构件，是解决"办证难""办文难"及"假证伪证"等问题的根本途径，是实现各行业范围内证照和公文跨区域、跨系统、跨部门、跨层级安全共享的基本要素，有利于创新政务工作模式，进一步提高政府行政效率和服务能力，营造良好的发展环境。

2021 年 3 月，广东省与北京市、海南省、河南省、江西省（即"四省一市"）政务服务数据管理部门共同签署战略合作协议，依托国家一体化政务服务平台，共同梳理跨区域用证频度较高的政务服务事项及相关电子证照清单，"四省一市"的企业和群众今后可通过"粤省事""北京通""椰省事""豫事办""赣服通"等移动政务服务平台，查看"四省一市"中任意省市的电子证照，享受跨区域掌上移动政务服务带来的便捷。

广州市电子证照平台建设案例

广州市通过在本地部署广东省统建电子证照系统地市版，实现省市电子证照数据互通，可支撑全省电子证照数据的调用，包括居民身份证、居民户口簿、不动产权证书、食品经营许可证、营业执照等常用证照。广州市电子证照平台总体架构如图4.6所示。

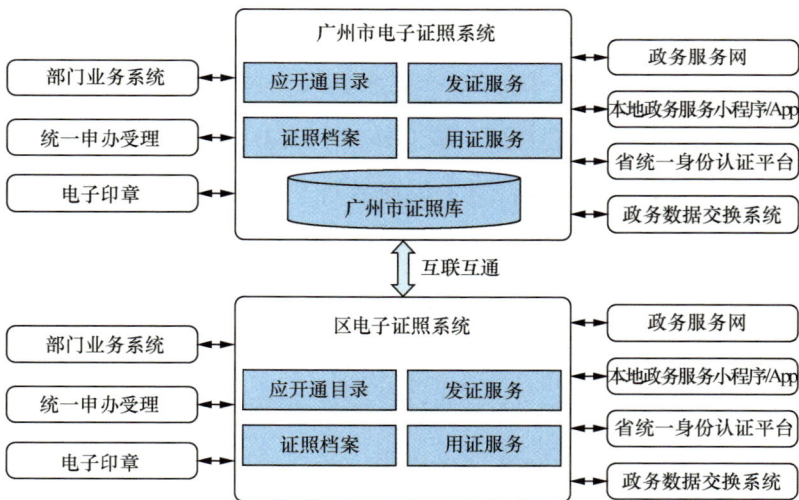

图4.6　广州市电子证照平台总体架构

2021年3月，国务院发展研究中心对国务院发布的《优化营商环境条例》实施情况开展了第三方评估，"广州市深度应用电子证照，助力实现依申请办理事项网上可办"这一经验做法入选创新举措案例，并由国务院办公厅政府职能转变办公室向全国推广。截至 2021 年 12 月底，广州市市区两级合计已创建 819 种证照目录，已开通上线 733 种证照，共签发约 2229 万张电子证照；市级已有 49 个部门与证照系统用证对接，共启用事项 4398 项，用证事项共用证 2036 万次。市民还可以通过"穗好办"随时调用居民身份证、居民户口簿、驾驶证、电子健康码等常用电子证照。

广州市将进一步深化电子证照、电子签章、电子签名的数据协同和数据调度能力，推进基于人工智能和大数据的"秒批智办"模式，创新审批服务方式，提升智能审批的效率。

社会信用体系

社会信用体系旨在建立一个适合信用交易发展的市场环境，保障一国经济从以原始支付手段为主的市场交易方式向以信用交易为主的市场交易方式转变。构建政府跨部门的信用信息共享和业务协同监管，推进公共信用信息在经济活动、政府决策等领域的广泛应用，对推动企业诚信经营、事业单位和社会组织诚信服务及个人守信自律都是很有必要的。

近年来，国家不断加强社会信用体系建设的顶层设计。2017 年，《国家发展改革委关于加强全国信用信息共享平台一体化建设和信用门户网站一体化建设的指导意见》发布，提出加快推进全国信用信息共享平台一体化建设和信用门户网站一体化建设，将全国信用信息共享平台打造为信用信息共享交换的"总枢纽"，将地方各级信用信息共享平台打造为区域数据归集节点与信用服务中心，推动各级政府部门业务系统与同级信用信息共享平台的互联互通，使信用信息和信用产品在政府采购、招标投标、行政审批、市场准入、资质审核等行政管理事项中得到充分应用。

广州市信用平台建设案例

广州市信用平台按照"一方平台、多方授权、服务多方"的总体思路进行建设，按照"公共、公益、公开、共享"的原则，以法人信用档案库和自然人信用档案库为基础依托，形成一个集信用连接采集共享、信用产品服务、信用联动监管和信用市场培育等功能为一体，覆盖经济社会各个方面的信用信息服务平台。广州市信用平台总体架构如图4.7所示。

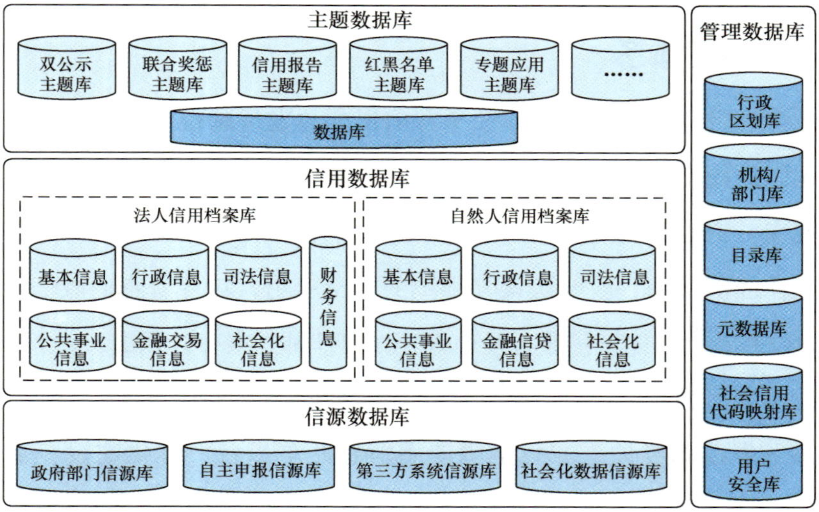

图 4.7　广州市信用平台总体架构

广州市信用平台主要包括以下 6 个方面的实践成果。

"

一是强化数据归集，提升数据质量。广州市公共信用信息管理系统已归集 54 个市级部门、11 个区及信用广东共 523 个数据主题，归集信用数据累计约 64.60 亿条，归集 37 部门、11 个区的行政许可、行政处罚"双公示"信息总计 3836.75 万条；通过"信用广州"网公示 328.18 万条；接收国家和广东省下发的"红黑名单"信息和广州市认定的"红黑名单"信息累计 1048.06 万条。

二是探索"区块链 + 信用"，织造"信任之网"。为了增强信用信息记录的可信性，公众查询、下载的公共信用信息记录、企业委托"信易贷"平台查询其信用状况的书面授权文件全部在全市统一的政务区块链平台进行上链存证，目前已有 25574 家申请企业的书面授权上链留存，以备各方随时抽检、核查。个人和企业申请的公共信用信息记录都上传到广州市政务区块链平台。

三是推进构建新型信用监管机制，推动落实联合奖惩应用工作。广州市出台《广州市全面推进社会信用体系建设实施意见》，搭建市级信用监管系统，构建企业信用综合评价指标体系，支撑各部门开展事前核查、事中评价和分级分类监管、事后联合奖惩。广州市持续推进全市各个部门将信用联合奖惩措施嵌入日常综合受理、行政审批、事中事后监管等业务流程，实现自动推送信用核查信息、自动匹配"红黑名单"、自动嵌入奖惩措施、自动汇集反馈实施情况便捷模式。截至 2021 年 12 月 31 日，50 个市直部门、11 个区的 40 个系统对接信用联合奖惩查询接口，累计调用信用联合奖惩措施信息 1004.94 万次。

"

> 四是积极推进中小微企业信用信息与融资对接平台数据对接。广州市发展和改革委员会、广州市地方金融监督管理局、中国人民银行广州分行等部门做好"粤信融"平台在广州市的落地工作，做好专项"粤信融"共享目录印发和维护更新工作。截至2021年12月31日，广州市政务信息共享平台累计向"粤信融"平台提供了15个成员单位、33个数据主题共计12.42亿条数据。
>
> 五是推进"信易贷"平台建设落地。为了助力"信易贷"平台建设，在获得信用信息主体书面授权的前提下，广州市推进市公共信用信息管理系统向"信易贷"平台（广州站）提供公共信用信息接口查询服务。截至2021年12月31日，该接口向"信易贷"平台授权主题484个，查询服务累计1078.09万余次，共涉及90813家企业的信用数据。
>
> 六是推动公共资源交易"信用指数2.0"落地应用。聚焦信用便企惠民，广州市起草了《广州市公共资源交易信用评价管理办法（征求公众意见稿）》及其评分细则，将适用公共资源交易领域联合奖惩的公共信用信息全面纳入评价体系，并拓展到政府采购、工程建设、土矿交易等主要的公共资源交易领域，推动广州市公共资源交易"信用指数2.0"落地应用。

数字基础应用平台

在城市管理中，各个政府部门之间存在明显的数据壁垒，有些与业务息息相关的基础信息被重复收集。政府通过搭建数字基础应用平台，摸清城市的人口、房屋、单位、设施等"家底"，将这些数据落到地图上，统一为相关职能部门的拆迁分析、房地产市场管理、治水治污、全程电子化商事登记和违建摸查等业务工作提供基础数据支持，让城市管理更加标准化、精细化。

> **数字广州基础应用平台（"四标四实"）建设案例**
>
> 数字基础应用平台是推进城市治理体系和治理能力现代化的基础性平台。为了提高现代化城市的治理水平，广州市从 2017 年 4 月起开展以"四标四实"为主要内容的数字广州基础应用平台建设工作。"四标四实"的具体内容如下。
>
> ① **标准作业图**：包括水系、交通、管线、地貌、植被和土质等内容的政务版电子地图及政务版影像电子地图等。
>
> ② **标准建筑物编码**：参照居民身份证号码编列规则，以省、市、区行政区域、道路（街巷）、建筑物、房间号为序列，为全市既有的建筑物、房间编列数字编码，依托标准作业图标注到每栋建筑物上。
>
> ③ **标准地址库**：包括来自广州市民政部门的道路和街巷数据，广州市公安部门的建筑物门牌号码数据、广州市住房和城乡建设部门的建筑物房间号数据等。
>
> ④ **标准基础网格**：包括现有的市→区→镇／街道→社区／居委会等不同维度的网格，并覆盖到农村地区。
>
> ⑤ **实有人口**：依托标准地址库、标准建筑物编码、标准作业图整理的户籍人口、流动人口、境外人员等所有人口数据。
>
> ⑥ **实有房屋**：含合法建筑物、不具备合法报建手续建筑物的基本属性、结构、用途等信息。

> ⑦ **实有单位**：包括来自广州市机构编制委员会办公室的事业单位、广州市市场监督管理局的企业、广州市民政局的社会组织等单位信息。
>
> ⑧ **实有设施**：包括涉及国计民生、社会管理领域的桥梁、隧道、监控、银联设备、市政设施、地铁口风亭冷却塔、报刊亭、停车设施、二次供水水池等公用设施数据。

截至 2021 年年底，广州市以"四标四实"为主要内容的数字广州基础应用平台建设取得显著的阶段性成果。平台累计汇聚 6400 多万条基础数据，为全市 11 个区、176 个镇（街道）、2692 个村（社区）提供数据和网格化基层治理服务，有力支撑了广州市各政府部门业务的深化开展。

数字广州基础应用平台为水务部门水务信息系统建设、治水治污和税务基础设施摸查校核工作提供基础支撑，为国土资源规划部门开展拆迁分析应用提供基础支撑，为城市管理部门开展违建摸查工作提供基础支撑，为住房和城乡建设部门深化直管公房、房地产市场管理、保障性住房、房屋租赁管理、照明设施管理等工作提供基础支撑，为市场监管部门商事登记全业务一体化、全流程的智能化、全链条集约化等提供基础支撑。特别是在疫情防控期间，为了实施精准防疫，数字广州基础应用平台为广州市疫情防控指挥平台提供"四标四实"标准作业图和空间地理数据支撑，形成"重点人群"画像和"重点企业"画像，为基层核查提供精准高效的信息。数字广州基础应用平台总体架构如图 4.8 所示。

数字广州基础应用平台建设工作虽然取得了较大成效，但在"四标四实"数据质量、基层数据采集、标准基础网格与专业网格对接扩展、新一代信息技术应用等方面仍需进一步提升，"四标四实"成果应用长效机制需要不断深化。

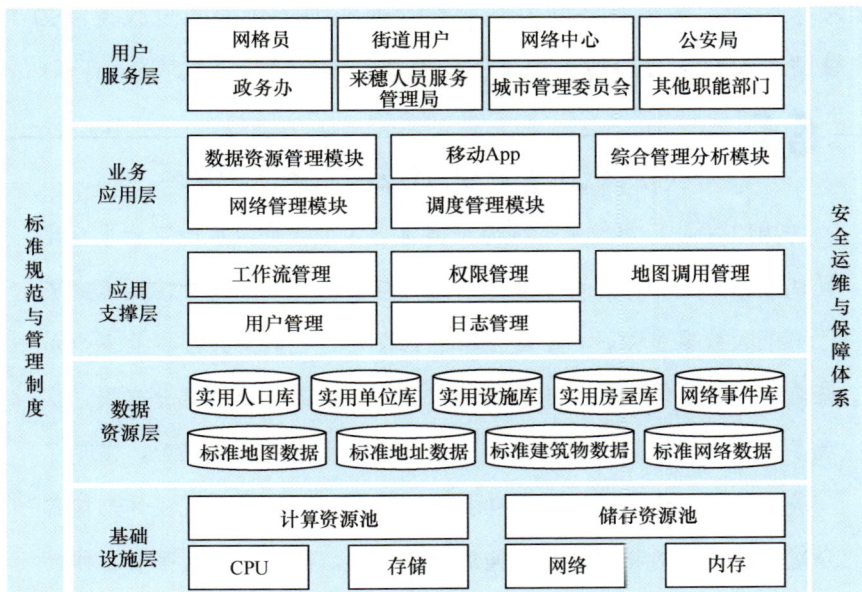

图 4.8　数字广州基础应用平台总体架构

时空信息云平台

时空信息云平台是在云计算、物联网、大数据、移动互联、地理信息技术的支撑下，实现空间基准到时空基准、基础地理信息数据库到时空大数据、地理信息公共平台到时空信息云平台、分散服务器集群到聚约云环境的"四个提升"，其核心是构建包括时空大数据和时空信息云平台在内的城市时空基础设施。

时空大数据包括历史与现状的基础地理信息、历史与现状的公共专题数据、智能感知的实时数据及空间规划数据等。

时空信息云平台是在服务资源池和业务流引擎、地名地址引擎、知识化引擎、服务引擎及数据引擎的基础上，通过云服务系统（入口门户、基础服务功能、按需服务能力、运维管理能力、数据同步服务能力），为智慧城市和数字政府建设提供时空基础设施服务。

> ## 智慧广州时空信息云平台建设案例
>
> 2012年，广州市被批准为全国首批3个智慧城市时空云平台建设试点城市之一，启动了智慧广州时空信息云平台建设，提出建成"一个大数据中心、一个时空信息云平台、一套支撑环境及多个示范应用"的具体目标。2017年，广州市完成基础设施部分建设，实现了地理空间数据在政务外网的在线服务发布及地址匹配，满足了一般单位对"地图"的基本需求；2018年，广州市完成主体功能部分建设，通过对新型地理空间的数据采集、扩展，对云平台主体功能的开发和完善，满足专业用户需求；2019年，广州市完成应用接入与改造部分建设，总结项目建设和应用的经验，积极推广项目示范应用，发挥时空信息云平台在各单位高效管理、科学决策和精准服务中的作用。2020年5月，智慧广州时空信息云平台被广州市政务服务数据管理局正式确立为全市可共用、复用的地理空间信息系统。智慧广州时空信息云平台总体架构如图4.9所示。
>
> 智慧广州时空信息云平台借助智能传感网、云计算、物联网、大数据等先进技术手段，促进了城市的智能化、科学化、动态化、精细化运行管理。智慧广州时空云信息平台实现了以下目标和功能。
>
> 第一，基于物联网、云计算，搭建服务标准统一的、多级服务模式的地理信息时空信息云平台，建立了广州市唯一、统一、权

威、实时更新的时空地理信息大数据平台。

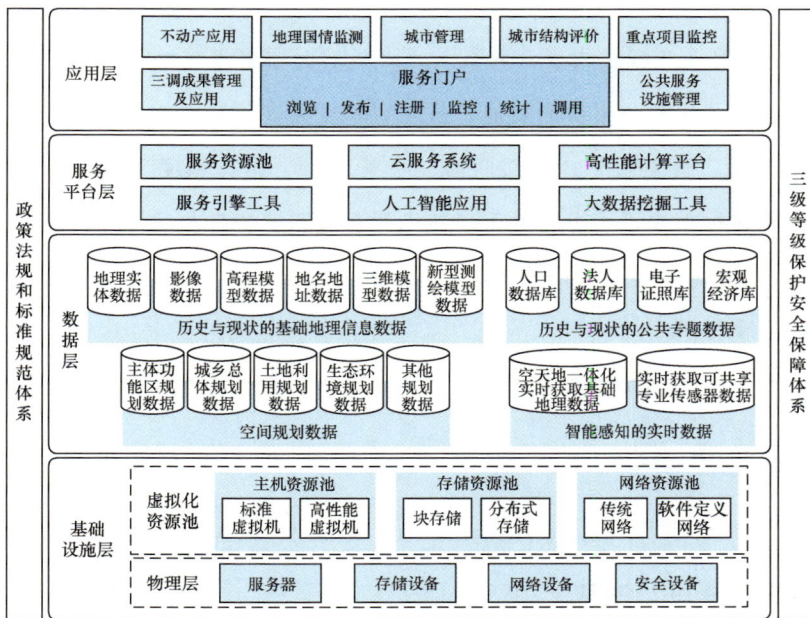

图 4.9　智慧广州时空信息云平台总体架构

第二，探索时空大数据、人工智能在城市智慧化规划、建设和管理等方面的运行和应用经验，开展了富有广州市特色的智能化应用示范项目并积极推广。

第三，形成了通用、共用、复用的管理机制、技术工艺和操作流程，为充分发挥时空信息云平台在各单位高效管理、科学决策和精准服务中的作用扫清障碍。

2020 年，广州市启动"穗智管"城市运行管理中枢建设。"穗智管"以智慧广州时空信息云平台为空间数据共享服务基础平台，

> 汇集国土空间规划、自然资源底数、重大项目规划资源服务、土地储备和供应、历史文化名城、海洋与地质灾害预警及执法监督7个重要业务板块内容，并引入无人机实时监测等技术手段，开发数据可视化和分析研判功能，将规划和自然资源管理纳入全市"运行监测、预测预警、协同联动、决策支持、指挥调度"五位一体的总体框架中，有力促进了自然资源合理开发利用和城市可持续发展，支撑城市运行管理的智能化和精细化，推进城市治理能力和治理体系现代化。

城市信息模型

城市信息模型（City Information Model，CIM）是以建筑信息模型（Building Information Model，BIM）、地理信息系统（Geographic Information System，GIS）、物联网等技术为基础，整合城市地上地下、室内室外、历史现状未来多维度信息模型数据和城市感知数据，构建起三维数字空间的城市信息有机综合体。CIM基础平台是在城市地理信息系统平台的基础上，建立基于建筑物、基础设施等的三维数字模型，表达和管理城市三维空间的基础平台，是城市规划、建设、管理、运行工作的基础性操作平台，是智慧城市的基础性、关键性和实体性信息基础设施。2020年9月，住房和城乡建设部印发了《城市信息模型（CIM）基础平台技术导则》，明确了CIM平台架构、BIM数据格式等内容。

广州市城市信息模型（CIM）平台建设案例

2019 年，广州市在已建时空信息云平台的基础上，启动了 CIM 平台的建设工作，并取得显著的阶段性成果，形成了"一库三平台"体系。广州市建设了全市统一的 CIM 基础数据库，通过提升广州 CIM "多规合一"的管理平台功能，整合智慧广州时空信息云平台、广州市规划资源部门、住房和城乡建设部门、其他委办局审批管理系统，纵向上实现了与 CIM 部级平台的互联互通，横向上实现了市内工程建设项目审批全业务流程的无缝连接。广州市进一步探索构建基于工程建设项目审批改革的城市精细化管理与精准化服务体系，在园林、市政等领域开展应用，并配套出台了一系列政策文件，形成了一套适用性较强的机制保障体系和标准规范体系，为建设 CIM 平台及其保障运行机制提供了良好的基础。广州市 CIM 平台总体架构如图 4.10 所示。

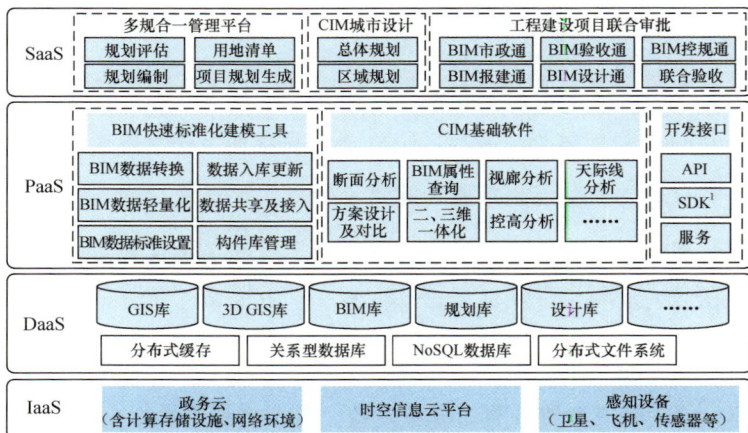

注：1. SDK（Software Development Kit，软件开发工具包）。

图 4.10　广州市 CIM 平台总体架构

"

广州市 CIM 平台建设主要包括以下 3 个方面的实践成果。

一是编制了 CIM 标准规划和指南。广州市开展了 CIM 数据库、CIM 平台建设、CIM 平台应用 3 类标准及指南的编制工作，包括《建设用地规划管理二维电子数据应指南》《建设工程规划管理二维电子数据应用指南》《CIM 基础平台建设规范》《CIM 数据标准》《施工图三维数字化设计交付标准》《城市信息模型基础平台技术标准》及竣工验收备案等标准体系，同时完成了《关于开展城市信息模型平台建设的指导意见》，提炼广州市的建设经验并向全国推广。

二是初步构建 CIM 平台，并实现与部级平台的互联互通。第一，平台已经汇聚了智慧广州时空信息云平台、"多规合一"管理平台，以及"四标四实"等多个来源多种格式的数据，完成了琶洲 50 平方千米示范区、全市 7434 平方千米建筑白模和 1800 平方千米倾斜摄影三维模型建设，形成了包含 75 个大类、602 个小类的数据资源目录，并向部级平台共享了超过 1000 万条的业务数据及 2300G 的影像数据。第二，CIM 平台实现部分环节的智能审批功能，平台基本具备规划审查和建筑设计方案审查阶段的二、三维的智能化审批能力，基本开发完成施工图三维数字化审查功能，完成竣工验收备案功能业务流程设计。第三，平台具备了一定的应用展示及数据分析功能，实现了数据模型轻量化、入库管理和快速加载展示，开发了可视度分析、桥梁巡检、行车模拟等模拟分析功能。

三是全力打造"1+N"业务应用体系。以 CIM 平台为基础，

"

广州市围绕提升城市治理智能化，积极开展业务应用探索，争取承载更多的城市公共管理和公共服务，为建设智慧城市操作系统提供支撑，包括实现基于 CIM 平台的三维数字化辅助报审，构建住房和城乡建设业务一体化办理平台，探索基于 CIM 平台的智慧社区应用，推动基于 CIM 平台的智慧水务应用，推动园区级 CIM 平台应用及相关产业研究等应用场景。

第 5 章
数字政府大数据，
释放数据要素价值

随着数字化进程的加快，数据已经成为重要的生产要素和战略资源，成为新时代的"石油"和"金矿"。通过多方全面汇聚融合高质量数据，先形成大数据资源池，再对数据进行清洗、统计、分析和挖掘，为各行各业提供决策支撑，将数据变成数据资产，为各行各业创造更多的价值和财富。

随着数字政府改革的推进实施，政务业务产生了越来越多的政务数据，并带动大数据产业蓬勃发展。数据融合的各类应用不断深化，对经济社会的创新驱动作用显著增强。政务数据治理和数据资源的开发利用成为数字政府建设的新课题。加强数据治理、促进融合协同成为数字政府改革的重点工作。2021年3月，《中华人民共和国国民经济和社会发展第十四个五年规划和2035年远景目标纲要》发布，提出"开展政府数据授权运营试点"。政府信息化建设发展，特别是近年来政府着力推动"互联网＋政务服务"改革、政务数据交换共享、政府大数据中心建设等工作，为政务数据资源的价值发挥提供了数据和平台支撑。

目前，我国各级政府都在积极利用大数据技术搭建数据开放共享、开发利用平台，积极推进政务数据的共享利用工作。随着实践的不断深入，我国数字政府建设过程中需要解决各种问题，需要经历政府管理"从分散走向集中，从部分走向整体，从破碎走向整合"，政务数据治理"走向整体治理、横向治理、协作治理、网络治理"的新阶段。

广州市按照"横向到边，纵向到底"的全覆盖原则，统筹规划全市一体化政务大数据中心，将各级、各部门数据平台作为广州市政务大数据中心的数据分节点，划清责权，标准引领，统筹运营，充分保障各部门对数据的业务管理自主权，充分促进和满足跨部门、跨层级、跨业务的数据需求，加快推进政务数据的有序共享，促进数字政府的改革建设。

政务数据管理体系

健全数据管理制度，实现全流程制度化

政务数据在产生、采集、存储、管理、分析、应用等环节均涉及相关主体的参与。但各相关主体的权责问题因缺乏规范、公平、成熟的管理激励机制，容易导致数据共享开放程度不够、数据质量不高、数据交易意愿不强等问题。因此，政府在数据管理组织、管理体制、运行机制、建设运维模式等方面的探索创新尤为重要，需要构建"统一领导、上下衔接、运作高效、统筹有力、整体推进"的数字政府大数据管理体系，该体系应包含数据治理组织、制度建设、质量过程监测和绩效评价等。

政务数据需要明确其所有方、使用方、管理方和监督方。当业务系统中出现数据质量问题时，需要确认是录入方的错误还是系统的技术故障。当出现敏感数据泄露时，需要溯源追查相关责任人。只有明确数据全生命周期流通使用中的权责关系，才能确保数据资产有清晰的业务管理责任，系统建设有成熟的规则，作业人员有规范的流程和指导。在政务数据治理实践中，数据相关方可划分为统筹管理方、数据提供方、数据使用方、数据服务方和审计方。

数据管理需要制度先行，明确数据相关方在目录注册和数据挂接等流程中的职责及操作规范，从制度上保障数据管理工作有据、可行、可控。数据管理机制主要包括元数据管理制度、统一资源目录管理制度、数据共享管理制度、数据更新核准制度、数据质量反馈制度、数据服务管理制度、数据

质量管理评价制度等，实现以数据为核心的全生命周期管理全流程制度化。

为了实现数据资源服务，政府需要建立数据申请、提供、使用、反馈和改进的全流程管理制度，形成数据资源服务目录，提供服务检索、服务访问申请和服务查看等功能，便于快速获取和访问数据服务，实现数据资源服务的科学、有序、安全使用。从内容上看，数据服务包括基础数据服务、共享数据服务、电子证照服务、信用数据服务、统计分析服务等。服务需求部门需要依据履职申请使用数据服务并反馈服务的使用情况。

广州市构建数据管理体系的实践案例

广州市已构建以广州市政务服务管理局为统筹管理方，以各部门及机构、个人为数据提供方和使用方，以广州市政务运营中心为政务数据运营服务方及第三方独立审计机构的五方数据治理组织体系。

广州市发布了一系列数据管理制度，自 2013 年起陆续发布了《广州市政府信息共享目录》《广州市政务信息共享管理规定》《广州市政府信息共享管理规定实施细则》等数据共享制度，有效指导了政务数据共享的标准化和规范化建设，优化了广州市政务信息的共享工作，完善了政务信息共享"一数一源"制度，建立了政务信息的分类共享机制。

广州市不断完善数据服务管理制度，深化数据资源服务目录管理，开展数据服务综合管控。南沙区制定了相关规范，使政府在信息资源的采集、存储、处理、共享交换、管理使用等环节的数据资源管理工作更加顺畅。

广州市还构建了数据管理绩效评估指标体系，建立了数据管理成熟度模型，定期对数据管理过程及质量进行绩效评估。广州市各区、各部门分别从建立效能评估指标体系和制定效能评估常态机制两个方面开展政务数据管理效能的评估工作。

政务数据标准规范体系

高质量的数据具有完整性、一致性、准确性、及时性等特征，而政务数据来源多、体量大、领域广，容易导致数据不完整、数据不一致、数据不唯一、数据不及时等数据质量问题，进而影响数据共享的质量和应用成效。近年来，国家和各地方政府围绕政务信息资源标准化发布了多个重要的政策文件，推出了政务信息资源交换体系和政务信息目录等一系列国家标准。

数据全生命周期的标准体系架构

数据标准规范是保障政务数据内外部使用和交换的一致性和准确性的规范性约束，通常需要从业务需求、管理制度、管控流程、技术工具等维度制定。政务数据标准规范体系主要包括基础标准、业务逻辑标准、基础平台建设标准、安全标准和管理规范等内容。政务数据标准规范体系如图 5.1 所示。

广州市数据标准规范建设案例

广州市在数据标准规范建设方面起步较早，自 2012 年起发布了《广州市"三规合一"规划成果数据标准（试行）》等 20 余项技术标准和工作规范，有效指导了政务领域数据标准化、规范化建设。

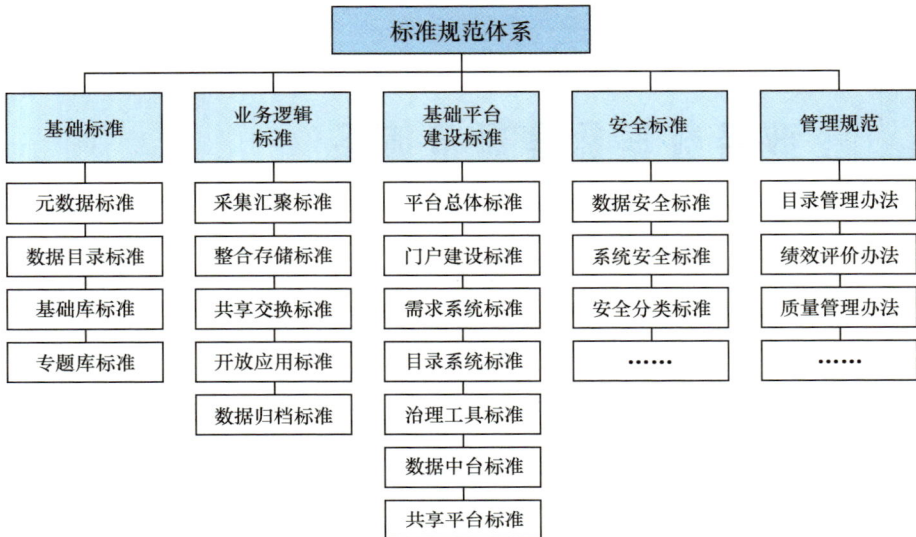

图 5.1　政务数据标准规范体系

　　广州市各区、各部门也开展了数据标准体系建设工作，广州市规划和自然资源局、广州12345政府服务热线受理中心、广州市市场监督管理局、广州市水务局等单位分别发布了《政府热线知识库标识编码规范》《河（湖）长制管理信息系统数据规范（征求意见稿）》《室外排水地理信息系统数据规范》等多项行业、专业领域的数据标准和规范，构建起相对完善的数据标准规范体系，为政务数据一体化工作奠定了基础。

政务数据资源体系

持续汇聚数据资源，促进数据共享

随着大数据、云计算、物联网、人工智能等新技术发展的逐步加快和信息化程度的逐步提高，社会已进入数字化时代，人、事、物都在被数据化。数据已成为新经济的核心生产要素，对生产、流通、分配、消费等活动，以及经济运行机制、社会生活方式和政务治理能力产生了重要的影响。

政务数据资源是数字政府改革建设、政务数字化转型发展、政务办事效率提升、政务服务满意度提升的重要战略资产。对数据这一重要资产进行体系化、系统化管理，是进行数据价值挖掘、数据共享、数据公开及数据开发应用的重要前提。鉴于此，全面摸清政务数据资源、对数据资源进行全面盘点、构建政务数据资产目录，已成为数据资产管理的一项基础且重要的工作。

目前，我国各级政府通过统筹汇集政务数据资源，推进数据融合应用，挖掘数据价值，提升数据开放水平，形成了大数据驱动下的政务管理和数据运营的新机制、新模式。我国部分先进地区实现了数据资源目录、数据共享目录、数据开放目录、系统数据清单、部门责任数据清单，实现了数据采集及更新机制常态化和数据资源开放定制服务化，做到了政务数据共享交换通道互联互通、数据治理过程可视可控可追溯，强化了政府的治理和决策能力，支撑了数字政府建设稳步快速推进。

广州市政务数据资源体系建设案例

广州市市级政务数据主管部门已经建立自然人基础数据库、法人单位信息基础库、空间地理信息基础库、城市部件信息基础库、社会信用基础库和电子证照基础库等标准化基础数据库，相关业务部门负责根据专项应用需要建立专项库。广州市各区政务数据主管部门参照广州市政务大数据中心建设对应的基础数据库，对于分布在市直部门中的垂直系统数据，市级节点汇聚形成基础库或专项库后，开放给各区使用，或根据特殊需要把数据分至需求部门。

1. 自然人基础数据库

通过规范自然人基础数据的基本要素，对各行政部门、普通高校、科研机构等的信息资源进行比对、关联，形成标准、规范、权威、全面的自然人基础数据库。例如，广州市南沙区通过完善人口基础信息库，归集了全区 34 个业务委办局的数据，实现了个人信息的动态管理，为政府部门提供人口基础数据应用服务。

2. 法人单位信息基础库

通过整合多源头法人单位数据，统一数据源，梳理法人单位基础数据的信息清单，关联行政部门和非营利性组织等各项信息资源，完善法人单位信息资源及共享服务。例如，市场监督管理局完善了法人单位信息基础库，涵盖注册库、金信库、年报库、全电库、双随机库等，可提供信息资源查询和共享服务。

3. 空间地理信息基础库

目前，广州市规划和自然资源局依托市基础地理信息中心和卫星遥感应用市级节点，统一时空基准，整合了空间地理信息，形成了全市统一完整的空间地理信息基础库，推动了空间地理数据的共享和开放应用，支撑了相关政务应用。例如，广州市公安局将"四标四实"地理地址数据导入110 接处警系统，实现了情报信息、勤务指挥等环节的有机融合。

4. 城市部件信息基础库

当前，广州市城市管理和综合执法局融合、汇聚各类城市部件信息，形成了统一完整的城市部件信息基础库，提升了 CIM 的建设水平，支撑了政府职能部门优化城市管理能力。

5. 逐步丰富的业务专题库

广州市不断完善基础库及相关部门的业务库。业务部门关联汇聚了相关单位的数据，建设了以公共业务为主线的专题库，积极推进经济运行、医疗卫生、食品安全、灾害预防等 12 个领域的重点主题数据库建设。例如，建立企业、个人、事业单位、公共组织和政府 5 类信用主体，共计 344 个数据主题、约 9.557 亿条数据的信用档案库。

6. 逐步完善的部门共享库

广州市各区、各部门根据各自的业务需求，梳理优化部门数据资源，基于业务库建设各自部门的共享库，关联自然人、法人等基础库，逐步改善数据碎片化问题。同时，广州市各区、各部门开展基于业务库的部门分析库建设，支撑部门的业务分析和决策。

广州市已建成市政务资源目录管理系统，并逐步推进完善部门责任数据目录清单、系统数据目录清单、全市统一数据资源目录和数据共享目录，进一步健全全市统一的目录管理制度。广州市通过明确数据提供方、使用方、管理方、运营方在目录注册、编目实施、数据挂接、目录审核、目录发布流程中的职责及操作规范，支撑全市事项目录、数据资源目录和数据共享目录的"一盘棋"动态规范和持续管理，确保业务字典和数据字典"两个字典"的准确、鲜活、权威。

广州市通过搭建市数据资产登记平台，全面摸查全市 19 个委办局的业务系统和数据资源，梳理了 507 个信息系统、3000 余条信息资源和 23 万个信息项，实现了政务数据清晰化和资源清单化。

政 务 数 据 治 理 体 系

政务数据治理平台建设

目前，政务服务仍然存在政务服务整体效能不强，办事难、办事慢、办事繁等问题，这需要进一步强化数据治理，构建一体化数据治理平台。

政务数据治理平台主要由政务信息共享交换平台、数据资源库、数据中台、业务中台、管理系统、数据治理工具、政务数据交互界面组成。政务数据治理平台架构如图 5.2 所示。

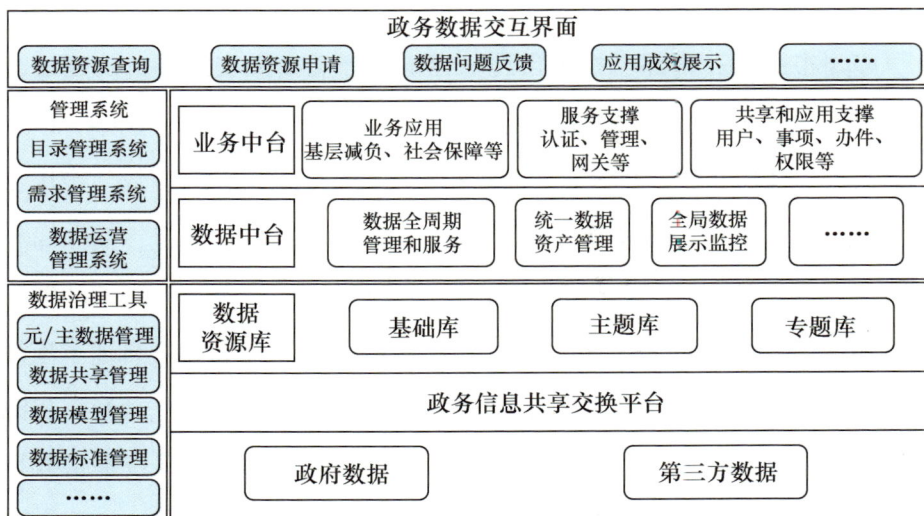

图 5.2　政务数据治理平台架构

广州市开展数据治理提升数据共享水平案例

广州市通过持续不断的数据治理和建设政务数据治理平台，提升了数据的质量，促进跨部门、跨层级的数据共享和条块业务系统的互联互通，实现了政务服务"三少一快"，提升了政府的内部运作效能和科学决策水平，优化了营商环境，推动了广州市数字政府改革建设向纵深发展。

广州市各区、各部门分别从质量管理制度、质量管理标准体系、质量管理系统等层面开展政务数据质量管理工作。2018 年，广州市信息化服务中心启动数据质量管理体系建设工作，并于 2020 年建设完成广州市数据质量管理系统，为广州市政务数据质量管理提供管理依据和工具。2020 年，广州市统计局、广州市教育局牵头到各区企业、教育机构开展数据质量稽查、抽样检查、数据质量核查等工作，以保障统计数据的真实性、准确性、完整性。

广州市各区、各部门按照市统一标准，开展相关支撑平台的建设工作，以实现广州市全市政务数据统一汇聚，常态化共享互通。例如，广州市财政局、住房和城乡建设局、规划和自然资源局、应急管理局、市场监督管理局、水务局、城市管理和综合执法局、南沙区等 14 个市委办局和行政区域建设了数据交换支撑平台，具备数据汇聚、共享、交换等功能。截至 2021 年 12 月底，南沙区公共信息资源共享服务平台已经打通了南沙区 35 个部门和市局的数据交换共享通道，累计汇集整合 1752 项数据资源主题，数据总量约 21.9 亿条，为南沙区各业务部门的信息系统提供数据支撑服务。截至 2021 年 12 月底，平台累计提供数据共享主题 568 个，交换数据总量近 13.9 亿条，日均数据交换量达到 27 万余条，有效促进了减时间、减材料、减跑动。

政务数据安全防护与保障体系

构建数据安全防护体系，全方位保障信息安全

构建数据安全防护体系是国家的重要安全战略。2021 年 6 月 10 日，《中华人民共和国数据安全法》经第十三届全国人民代表大会常务委员会第二十九次会议表决通过，于 2021 年 9 月 1 日起正式施行。《中华人民共和国数据安全法》中明确提出要建立保障数据安全和推动数据开放的制度措施，确立数据分级分类管理及风险评估、监测预警和应急处置等数据安全管理。

数据安全防护是综合性系统工程，涵盖数据采集、汇聚、融合、治理、共享、应用等全过程，需要构建以数据为核心要素的全生命周期安全管理体系。另外，政府需要建立数据安全管理组织、标准和制度，建设数据安全管理工具，确定数据安全的保护等级，开展安全审计，构建严密的安全防护体系。政务数据安全防护体系框架如图 5.3 所示。

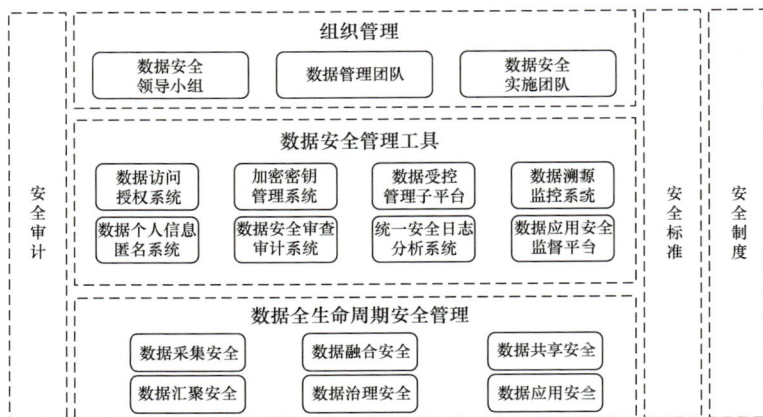

图 5.3　政务数据安全防护体系框架

广州市加强数据安全保障案例

广州市按照国家信息安全等级保护要求，构建了以数据为核心要素的全生命周期安全管控体系，确保数据安全。为了完善安全保障管理机制，广州市人民政府构建了全方位、全链条的安全管理制度，确保技术安全、设施安全和管理安全。同时，健全政务数据共享和开放的安全审查机制，并开展政务安全检查，加强重要数据资源和个人信息安全保护，提升关键信息基础设施和重要数据资源安全可控的水平。

广州市建立了数据安全工作小组，对政务数据资源实行统一领导和分级管理，按照"谁主管谁负责，谁使用谁负责"的原则，明确数据安全管理的角色和责任，提升人员的责任意识、能力和素质，加强对政务数据的采集、汇聚、治理、共享和应用等环节的管理。例如，广州市市场监督管理局成立了信息系统等级保护专项工作小组，负责全局信息系统等级保护的统筹部署、具体推进、监督检查。

广州市已制定发布了一系列数据安全管理制度，包括数据安全责任制度、数据管理制度、数据监控预警制度、数据溯源制度、数据安全测评审计制度、数据安全应急机制等。例如，广州市财政局不断优化信息安全保障体系，加强信息化安全防范，包括强化网络安全、应用安全、应急管理和安全检查，构建完整的智能化基础设施信息安全防护体系，实现纵深防御，采用国产应用，逐步建立起可信的网络空间安全体系。此外，广州市还搭建了信息安全平台，确保数据访问安全和数据存储与备份安全，组建了在线、近线、高线三级存储体系和数据分级存储机制，提高了数据的安全性。广州市实行应用软件上线安全检测制度，聘请广州市安全测评中心对应用软件进行测评验收，防止应用软件"带病"运行，每年实施安全检测 60 余次。

广州市的数据安全平台包括统一的信息安全态势感知平台、数据安全技术防护平台、数据安全运维管理中心等，实现了全天候、全方位感知网络安全态势。同时，广州市加强政务外网、政务云、大数据资源平台等安全管理，构建了全方位、多层次的一致性网络安全技术防护体系。此外，广州市数据安全平台工具的日志系统采用区块链技术，实现了对政务数据的全程留痕管理。目前，广州市政务云平台已具备基本安全防护能力，部署了防火墙、入侵防御系统、入侵检测系统、日志审计系统、行为审计系统、防病毒系统等安全设施设备，实现了对网络边界和内部安全的全面管控，提升了政务应用和数据安全的保障能力。

第6章

数字政府大服务，
彰显惠民利企新形象

第 8 章

　　随着我国经济的快速增长及公民素质的提升，公民主体意识和参与意识日益增强，对政府服务的期盼更高、需求更多、需求范围更广。近年来，我国各级政府围绕惠民利企目标，大力推进"放管服"改革，加快数字政府建设，政务服务水平快速提升，大幅加快政府职能转变的速度。

提供优质便捷的政务服务

推进"互联网＋政务服务"，为群众和企业提供优质便捷的服务是政府顺应时代要求的必然选择，也是数字政府建设的重要内容，这对提高服务的效率和透明度、方便群众办事创业、进一步激发市场活力和社会创造力具有重要意义。

我国政务服务整体达到较高水平

2016 年 3 月，《政府工作报告》首次提出大力推进"互联网＋政务服务"，实现部门间的数据共享，让居民和企业少跑腿、好办事、不添堵。随后，国家相关部门相继出台了《国务院关于加快推进"互联网＋政务服务"工作的指导意见》《国务院办公厅关于印发"互联网＋政务服务"技术体系建设指南的通知》《国务院办公厅关于印发进一步深化"互联网＋政务服务"推进政务服务"一网、一门、一次"改革实施方案的通知》等一系列政策文件，加速推动"互联网＋政务服务"建设。

浙江省"最多跑一次"改革，江苏省"不见面审批"，贵州省"进一张网办全省事"的大审批服务格局，广东省"一门式、一网式"政府服务模式改革等各地政务服务创新实践使"省级统筹、纵向联通、横向协同"的网上政务服务一体化架构逐渐清晰，"一号一窗一网"模式不断走向成熟，开启了从"群众跑腿"到互联网"数据跑路"的服务管理新模式。

随着政府数字化转型的持续推进，政务服务平台建设管理分散、办事系统繁杂、事项标准不一、数据共享不足、业务协同不足等问题凸显，政务服务整体效能不强，需要统筹建设整体联动、规范管理的全国一体化在线政务服务平台。2019年11月8日，全国一体化在线政务服务平台整体上线试运行。2022年4月，随着全国一体化政务服务平台基本建成，全国政务服务"一张网"的整体服务、协同服务、精准服务、创新服务等方面的能力显著提升。截至2021年年底，全国一体化政务服务平台已发布53个国务院部门的数据资源9942项，为各地区、各部门提供共享调用服务达540余亿次，支撑身份认证核验15.6亿次、电子证照共享交换4.6亿次。依托全国一体化政务服务平台，企业和群众可直接通达全国各地区、各部门的政务服务。

在国家政策的引领下，经过近几年的建设与探索，全国政务服务整体已达到较高水平。2020年联合国数据显示，我国电子政务发展指数排名从2018年的第65位提升至第45位，达到全球电子政务发展"非常高"的水平。京津冀、长三角等区域已经开始部署推进跨区域"一网通办"，围绕企业投资审批、企业开办社保、公积金等服务事项开展先期试点。跨区域"一网通办"将区域间的联动政策体系与新技术应用有机结合，通过优化区域间的营商环境以更好地促进跨区域合作，加快推动市场要素资源的合理配置，实现服务范围"横向到边"。"覆盖城乡、上下联动、层级清晰"的五级网上服务体系也已初步形成。全国近七成省（自治区、直辖市）已实现省、市、区（县）、乡（镇、街道）、村（社区）服务五级覆盖，政务服务"村村通"覆盖范围持续扩大，政务服务均等化和普惠化基本实现，企业群众需求多、要求高与政府部门网上政务服务有效供给不充分、不均衡的矛盾得到一定程度的缓解。

广州市"互联网+政务服务"改革的实践与经验

广州市持续推进政务资源整合、流程再造、数据共享、业务联动，推动"互联网＋政务服务"改革全面升级，助力政务服务"一网通办"能力再上新台阶。《广州市数字政府改革建设"十四五"规划》中强调要全力建设"一网通办"，以"穗好办"平台为核心，促进线上线下和社会服务渠道深度融合，重点关注老年人等群体，打造便捷、泛在的政务服务体系，提升数字民生的普惠性和包容性，支撑构建一流的营商环境，不断提升企业和群众的获得感。

1. 持续推进政务服务事项的标准化、规范化

政务服务事项的标准化、规范化是"一网通办"工作开展的基石。自2019 年起，广州市持续推进政务服务事项的标准化、规范化，推动"全链条、全流程、带标准"下放市级公共服务事项到区，实现全市同一事项、同一标准受理和审批，方便群众在家门口办理更多的民生高频业务。广州市以"最小颗粒度"为梳理标准，深入梳理政务服务事项，在不同层级实现同一事项名称、编码、依据、类型等基本要素的统一。广州市坚持每年编制印发公共服务事项目录，例如，2019 年印发《广州市公共服务事项目录（2018 版）》，2020 年印发《广州市公共服务事项目录（2019 版）》《广州市人民政府关于将第二批市级公共服务事项调整由区实施的通知》，推动了公共服务向基层延伸，充分调动了各区、各部门的积极性、主动性和创造性。此外，广州市政务服务数据管理局扎实推进镇（街道）、村（社区）政务服务事项的标准化工作，全面摸查镇（街道）、村（社区）直接面向企业、群众依申请办理的政务服务事项，推动事项管理和审批流程的标准化，着力提高基层政务服务的质量。

2．不断推进政务服务革命性流程再造

广州市以"减环节、减时间、减材料、减跑动"为目标，切实解决企业和群众办事过程中材料多、耗时长、来回跑等问题。2020 年 8 月，广州市政务服务数据管理局按照广州市委主要领导批示和广州市全面优化营商环境领导小组专题协调会的精神，印发了《广州市推进革命性流程再造深化政务服务"一件事"工作方案》，按照"一套材料、一张表单、一次申请、一窗受理、一网通办、一次办结"的标准，对行政审批流程进行全方位、全周期、革命性的重塑，实现政务服务"一件事一次办"。截至 2020 年 10 月 31 日，广州市直部门已合计上线超过 340 项、各区已合计上线 1100 项"一件事"主题集成服务。

3．推动政务服务进驻"一网一窗一端"

广州市着力解决事项多、办事分散等难题，整合了原先碎片化、条线化、分散化的政务服务事项前端受理功能，建立了全流程的线上线下服务平台，让群众少跑腿、好办事。

（1）建成全市一体化在线政务服务平台

广州市对标国家和广东省网上政务服务能力建设的要求，结合广州市实际信息化的现状，依托广东省政务服务"一张网"，建成了广州市一体化在线政务服务平台。

广州市一体化在线政务服务平台具备集成服务、统一应用、效能监管、政务协同、统一支撑、数字政府运营支持六大核心功能，有效支撑了市、区、镇（街道）、村（社区）四级全层级业务办理，申办—预约—取号—受理—审批—评价业务的全流程贯通办理和线上线下多渠道一网办理，以及"一件事"联合审批、政策兑现等专项业务场景办理，实现政务

服务"一网通办"。截至 2020 年年底，广州市已实现市、区、镇（街道）及村（社区）4.6 万余项事项的线上线下办理，支撑实现了全市 46 个市直部门共 1500 余项事项的网上申请，支撑 44 个市直部门共 1000 余项事项的审批，为窗口和审批标准化服务的建立提供了强有力的技术支撑；汇集市、区 1000 余万条排队叫号和预约数据，3200 多个大厅 660 余万条评价数据，归集 760 多个部门的服务接口，1.7 亿条政务服务专题数据。

（2） 深化"一门""一窗"改革

作为全国"前台综合受理、后台分类审批、统一窗口出件"一窗式集成服务改革经验的贡献者，近几年，广州市持续巩固集成服务改革成效，深化"一门""一窗"改革，基本实现企业、群众到现场办理的事项"只进一扇门""只到一扇窗"，以"一站式"服务推动广州市政务服务再加速，提升企业和群众的获得感、满意度。

广州市推行即办服务，以经营管理类行政许可事项为试点推行即办服务，并逐渐向其他类事项推广。采取前台受理、后台审核同步进行的模式，承办超过 900 项政务服务即办事项，占进驻"一窗"事项数量的一半以上。

在涉企服务方面，广州市政务服务数据管理局设立政策兑现综合受理窗口，推行集中解读、集中受理、集中公示的政策兑现集成服务模式，实现了"线上一网申办、线下一窗受理，最多跑一次、手续全搞定"。

广州市政务服务"一门一网一窗"改革的特色有以下 3 个。

一是整合多渠道信息，集中解读。线上（广州市人民政府门户网站）设置营商环境"政策解读"专区，线下（广州市政务服务中心）各楼层导办台设置政策兑现业务指引牌，展示惠民惠企政策兑现"一站式"服务介绍及申办指南等信息，依托广州 12345 政府服务热线知识库，为办事人提供"支持中小微企业 15 条""稳增长 48 条""数字经济 22 条"等惠民利企政策咨询服务。

二是梳理标准化要素，集中公示。针对"六保""六稳"等文件，广州市积极协调各区、市直部门梳理"暖企"政策知识点，统一录入广州 12345 政府服务热线知识库。针对依申请办理的政策兑现事项，逐项梳理受理条件、办理时限、申请材料等办事要素，编制事项实施清单，通过广东政务服务网广州分厅（政策兑现专题）、广州市人民政府门户网站营商环境专区政策兑现专栏等渠道公开申办指南，实现一张清单告知、一张表单申报、一个标准受理。

三是依托智能化平台，集中受理。在广州市政务服务中心 5 楼增设政策兑现服务和"暖企"政策服务专区，安排专人为办事人提供导办、帮办服务，为办事人提供全面、快速、便捷的政策兑现服务。截至 2020 年 12 月，该服务专区已累计受理业务 4000 余件，涉及兑现金额约 23 亿元。

（3）推动政务服务"就近办""异地办"

广州市积极推动政务服务"就近办"，社保、住房公积金、车管、户籍和出入境等事项进驻镇（街道）政务大厅和自助服务终端，实行综合受理，政务服务便利化延伸到基层。"政务一体机"集成多种服务事项，覆盖出入境、交管、人社、民政、卫健、残联、税务等业务类别，可以提供个人名下房产查询、个人所得税完税证明打印、驾驶员和车辆违章查询等 100 多项业务办理，进一步减轻基层人员的负担，让更多的"大窗口"变成"小屏幕"，把政务服务送到群众家门口。

为各类市场主体和广大人民群众持续提供便捷高效的异地办事服务，2020 年 8 月，广州市政务服务数据管理局会同珠海、佛山、韶关、肇庆、江门、梅州、河源、清远、东莞、中山、云浮 11 个市政务服务数据管理局联合印发《关于共同推进政务服务"跨城通办"工作的通知》，共同梳理出

900 余项 "跨城通办"事项，通过广东政务服务网广州分厅 "跨城通办"专栏对外公布，在合作范围内，11 个地市已开设 "跨城通办"专窗，利用 "粤政易""5G 天翼云"等平台进行视频会议及文件交换等工作。2020 年 10 月，广州市政务服务数据管理局与武汉市政务服务和大数据管理局合作梳理穗汉通办政务服务事项 150 余项，分别在广东政务服务网、湖北政务服务网 "跨省通办"专栏公布，在两地市政务服务大厅开设 "跨省通办"专窗，专人收取 "跨省通办"事项材料，并提供咨询服务。截至 2021 年年底，广州市政务服务数据管理局已陆续联合深圳、珠海、汕头、佛山、韶关、河源、梅州、惠州、汕尾、东莞、中山、江门、阳江等广东省内的 20 个城市及辽宁沈阳、吉林长春、黑龙江哈尔滨、江西南昌、湖北武汉、广西南宁、海南海口、四川成都、贵州贵阳、甘肃兰州、青海西宁、宁夏银川、新疆乌鲁木齐、江西赣州、广西梧州省外的 15 个城市开展政务服务跨省通办、省内通办工作，目前共 2676 个事项可在上述城市通办。

为了切实推进审批服务便利化，进一步优化群众和企业 "办事零跑动"流程，广州市还推出 "网上下单、快递上门"的方式为群众提供 "不见面审批"服务。群众可以通过邮寄的方式将申请材料完整、安全地送达市政务服务中心 "不见面审批"受理窗口，工作人员与快递员交接材料，并按业务规范审核材料。

4. 以 "好差评"推动政务服务水平持续提升

按照国家和广东省有关政务服务 "好差评"的工作要求和建设标准，广州市主动担当、积极作为，以政务服务 "好差评"不留盲点、全覆盖为目标，加强统筹协调，全面摸清全市各类政务服务评价的现状，明确以系统改造为核心的工作路径，构建多渠道、全覆盖的 "好差评"评价体系。

政务服务"好差评"工作制度推行以来，广州市主动分析问题，找短板、找原因，下发通知并牵头整改，大幅减少了不符合"好差评"工作要求的办件过程数据。同时，广州市对未与"好差评"系统对接的业务系统进行查漏补缺，协调督促有事项、无政务服务"好差评"数据的单位加快部门自建业务系统与"好差评"系统进行对接。围绕系统对接、考核指标、评价规则、二维码有效评价等内容，广州市积极开展政务服务"好差评"业务培训，大力开展社会宣传引导，营造"政务服务评价在身边"的良好氛围。通过上下联动、多方协同推进，广州政务服务"好差评"实现了 4 个全覆盖。一是实现市级超过 1000 项、区级超过 1 万项"马上办、网上办、就近办、一次办"政务服务事项评价全覆盖；二是实现全市 3240 个政务服务大厅（服务站点）政务服务评价全覆盖；三是实现对窗口人员服务态度、审批部门办事效率评价全覆盖，所有评价均在广东政务服务网实时公开，每条评价都可以对应到办事部门、办理事项名称、办事人及承办人；四是实现线上线下和自助终端服务渠道评价全覆盖，线下渠道包括所有服务点、自助终端，线上渠道包括广东政务服务网、"粤省事"、"粤商通"、"穗好办"等移动端，以及广州 12345 政府服务热线。对于"差评"工单，广州市认真查找原因，切实做到"差评"件件有回复、件件有整改，不仅对"差评"工单完成 100% 整改，而且通过进一步优化从源头降低了"差评"工单量。

广州市不断推进政务服务"好差评"制度在工作中的应用，充分发挥"好差评"制度的正向激励作用，将人民群众的点赞转化为政务服务人员持续改进工作的动力，从百姓办事创业的"全事项、全渠道、全平台、全流程"角度出发，形成政务服务评价、反馈、整改、监督的闭环管理，推动政务服务水平持续提升。

广州市"穗好办"实现政务服务"一网通办"

2020 年 3 月 27 日，广州市面向企业和群众的移动政务服务平台——"穗好办"App 上线，聚焦企业经营全生命周期服务需求、市民生活，广州市政务服务数据管理局在"穗好办"App 推出 2800 多项服务事项，涉及社保、公积金、交通等领域，推动政务服务从"现场办"向"掌上办、刷脸办、随时办、随地办"拓展。同时，为了有效遏制疫情对群众办事的影响，广州市政务服务数据管理局和广州市工业和信息化局一起积极组织开发"穗康"小程序，建设广州市疫情防控指挥系统，搭建精准帮扶企业的复工复产平台，全面汇集疫情防控数据，有力支撑了广州市疫情防控和复工复产等工作。"穗康"小程序快速上线，在国内首创口罩线上预约模式，提供健康自查上报等服务功能，实现"健康可查，数据可看，轨迹可控"。截至 2021 年 12 月，"穗康"小程序的注册用户数超过 7100 万，累计访问量达 140 亿次，"穗康码"用户超过 4800 万，成为全国健康码应用的排头兵。同时，广州市政务服务数据管理局打通"穗好办"App 和"穗康"小程序的数据，推动"穗康"小程序从疫情防控向集政务服务、社会治理、生活服务于一体的城市生活平台转变，上线社保、医保等 50 多项政务服务事项，推进"穗康"小程序实现小窗口、大服务。

广州市"穗好办"App 移动政务服务平台具有六大亮点和特色。

一是社保业务查询办理更省心。"穗好办"App 把与社保卡相关的业务进行聚合优化，市民在"穗好办"App 首页点击"社保"即可按照相应提示随时随地查询社保卡缴费明细，办理社保卡申领、补换卡、挂失等业务。

二是"一图"查找全市便民服务点。"穗好办"App 将全市政务服务大厅、自助服务机、街道办事处、社保网点、公厕、母婴室、充电桩、停车场等便民服务点在一张地图上汇聚展示，实现一图查找、一键导航，市民可随时随地查找身边的服务。例如，要查找附近的公厕，市民只要点击"穗好办"App 首页"公厕查找"，便可查看周围所有的公厕，选择最近的公厕点，点击"到这去"即可获得最近的路线。

三是"一端"获取全国中小学生优秀图书。"穗好办"App 联合教育部人文社科重点研究基地华南师范大学心理应用研究中心，研创了适合学生认知发展特点与成长需求的"中小学生阅读优秀图书索引"，选出适合中小学生阅读的优秀图书近 20 万种。市民只要点击"穗好办"App"生活"栏里的"图书"主体，即可快速查找想要的图书。同时，"穗好办"App 还汇聚了广州图书馆的电子图书和数字资源，市民可在线检索、线上阅读。

四是"立拍"下单咨询、投诉。"穗好办"App 融合广州 12345 政府服务热线，打造高效的政民互动交流平台。市民进入 12345 专题服务，点击"立拍"，即可随时随地抓拍城市管理问题，参与社会治理；也可点击"我要投诉"，在线投诉举报消费维权等诸多问题，政府部门会及时跟踪处理，也会在第一时间将办理结果推送至市民的"穗好办"App 用户中心。

五是"企业开办一网通"服务。"穗好办"App 通过系统互通、数据互联，将企业开办过程中涉及的企业登记、刻制印章、申领发票、银行开户、就业和参保登记、公积金缴存登记 6 个环节整合为一个流程。申请人在"穗好办"App"办事"栏里的"企业办"页面点击"企业开办服务"，即可按照操作流程办理企业开办的相关事项。

六是企业复工复产精准帮扶服务。"穗好办"App 针对疫情对企业复工复产的影响，融合企业诉求响应平台，为企业搭建诉求平台。企业点击"办事"栏里的"企业办"页面，即可随时向政府部门反映复工复产过程中遇到的用工、融资、税务、出口等诸多方面的问题，快速获得政府的精准帮扶服务。

广州市政府服务热线实现"一号接听、有呼必应"

为了解决与政府相关的热线号码不断增加的"号码多难记、打不通难找、没监督难办"等问题，各地政府积极探索建立受理规范化、办理流程化和服务标准化的政府热线，一方面规范统一标识、网络、人员、设备、机构、场所等要素，另一方面建立多级联动办理的工作体系，形成统一的管理要求和绩效评估标准。广州市从签收服务工单开始，建立办理、答复、督办、考核等规范流程，简化业务流程，规范管理机制，从多个维度建立标准规范以保障整合后的政府热线平稳运行，提升服务质量。

近年来，广州市按照"先易后难、分步整合、稳步推进"的原则，以广州 12345 政府服务热线为载体，从 2013 年下半年至 2016 年年底逐步整合了全市 11 个区、40 个市直部门的 76 条服务专线。同时，广州市充分利用数字政府改革建设成果，设置消费维权、国土城管基金、劳动保障、公安、综合 5 个话务服务队列，与各个应急部门、110 报警台建立突发紧急事项联动，开通了微信公众号、小程序、微客服、网页等互联网受理渠道，以 12345 政府服务热线收集的市民诉求为哨源，通过汇聚市民诉求信息，健全疑难事项解决长效机制，深化数据应用，协同各级政府部门不断推行靶向治理、精准施政，打造"一号接听，有呼必应"的市、区、镇（街道）三级服务体系，确立了 12345 政府服务热线"一号受理市民诉求"的格局。广州 12345 政府服务热线在建立制度规范、协同化解难题、实现智能化转型等方面下功夫，不断提升市、区、镇（街道）三级服务体系的响应效率和服务质量，成为政府与群众之间沟通的"连心桥"，助推基层治理水平提升的"增长点"。

广州 12345 政府服务热线积极优化两级热线受理模式，通过建立涵盖话务、工单分派、协调督办、数据分析服务等全业务流程热线服务标准体系，建设热线知识库，采集、修改、清理、精简知识点 2.76 万个，制定的地方标准《政府热线知识库标识编码规范》通过专家审核，咨询事项一次性解答率提升至 87.5%。

广州市深入挖掘热线数据信息，提高热线数据分析支撑政务的能力，推动市民投诉数据市、区、镇（街道）三级服务体系共享，最大化释放热线的数据价值，让社区民意更好地转化为政府决策，推动民生实事更加符合市民关切，解决更多具体实际的民生问题。广州市运用服务外包、单轨制闭环提供 7×24 小时服务，7 年累计服务量超过 5400 万件，2019 年首次突破 1000 万件（1057.31 万件），日均受理诉求近 3 万件，话务接通率达到 95% 以上，热线服务量以年均 41% 的增长率逐年递增。

持续优化营商环境

营商环境是指市场主体在准入、生产经营、退出等过程中涉及的政务环境、市场环境、法治环境、人文环境等有关外部因素和条件的总和。营商环境是孕育创新创业、滋养企业发展的丰厚土壤，是一个国家或地区经济软实力的重要体现。

中国营商环境改革成就

2020 年，我国在做好疫情防控的同时实现了经济的稳步复苏，在全球主要经济体中，我国是国内生产总值（Gross Domestic Product，GDP）唯一正增长的国家，这与中央到地方深入推进数字政府建设、不断优化营商环境的举措有很大关系。

近年来，我国十分重视营商环境的建设工作，《政府工作报告》中多次提到要建设国际一流的营商环境，促进投资稳定增长。2018 年以来，国家发展和改革委员会、财政部、国家电网有限公司等部门和企业针对世界银行营商环境评价指标体系中的各项指标制定了有针对性的改进措施，出台了《国务院办公厅关于进一步压缩企业开办时间的意见》《国务院办公厅关于开展工程建设项目审批制度改革试点的通知》《用户"获得电力"优质服务情况重点综合监管工作方案》《提升跨境贸易便利化水平的措施（试行）》《国务院办公厅关于印发全国深化"放管服"改革优化营商环境电视电话会议重点任务分工方案的通知》等一系列政策文件，对我国营商环境各细分领域"砍环节、减时间、优流程、降费用"等提出了具体的要求。同时，《最高人民法院关于为改善营商环境提供司法保障的若干意见》印发，该文件就优化执行合同、办理破产等进一步强化保障。2019年10月，国务院颁布了《优化营商环境条例》，于2020年1月1日起实施，将优化营商环境上升到法治化高度，使优化营商环境的长效机制有了法律保障。

数字政府是加快营商环境提质升级的有利抓手，是推动经济高质量发展、再创营商环境新优势的着力点和突破口，也是推动"放管服"改革、实现流程再造的最佳手段。我国各地依托数字政府建设，通过互联网、大数据、人工智能等新一代信息技术应用和数据资源开放共享，全面统筹协调政务业务跨地区、跨部门、跨层次联动，推动政府服务模式创新、业务流程再造，着力深化"减环节、减材料、减时间、减成本、减跑动"，围绕企业群众眼中的"一件事"，为企业群众提供集成"套餐"服务，打造多部门数据互通、联合协作的服务平台，实现线下"一窗通办"、线上"一网通办"，并向"掌上办""指尖办"不断延伸。

以企业开办为例，过去开办企业需要经过设立登记、公章刻制、发票申领、社保登记等环节，需要线下跑多个部门提交多套材料，现在"只进一扇门、最多跑一次、只交一次材料"或"全程线上办，一次不用跑"，持续提升企业开办的便利度，不断压缩企业开办时间，不断提升企业的获得感。

在世界银行最新发布的《2020年营商环境报告》中，我国营商环境位列全球第31位，比2019年提升了15位，首次进入全球前40强。世界银行表示，由于"大力推进改革议程"，中国连续两年跻身全球优化营商环境改善幅度最大的十大经济体。

我国在世界银行营商环境评价指标的基础上，按照国际可比、对标世界银行、中国特色的原则，研究建立了更符合实际、更全面的"中国营商环境评价指标体系"。2020 年 10 月，国家发展和改革委员会发布了《中国营商环境报告 2020》，该报告显示，我国优化营商环境取得了积极成效，企业和群众的获得感明显增强。2020 年 11 月，中华全国工商业联合会发布了《2020 年万家民营企业评营商环境报告》，该报告显示，民营企业对营商环境的满意度明显高于 2019 年。2021 年 11 月，中华全国工商业联合会发布了《2021 年万家民营企业评营商环境报告》，该报告显示，民营企业对营商环境的满意度连续 3 年持续上升，76.86% 的样本企业认为其所在城市总体营商环境比 2020 年有所改善。

广州市营商环境改革的实践与经验

广州市被誉为"千年商都"，商业竞争力保持千年而不衰。广州市始终把优化营商环境作为全市"一把手"工程统筹推进。2018 年以来，广州市对标世界银行和国家营商环境评价，对照国内外最佳实践，把优化营商环境作为重点工程，实施营商环境 1.0、2.0、3.0、4.0、5.0 改革，印发《广州市营商环境综合改革试点实施方案》《广州市进一步优化营商环境的若干措施》《广州市对标国际先进水平 全面优化营商环境的若干措施》《广州市用绣花功夫建设更具国际竞争力营商环境若干措施》《广州市建设国家营商环境创新试点城市实施方案》，持续深化、细化改革，实现了营商环境改革"五连跳"。广州市营商环境改革"五连跳"历程见表 6.1。

表6.1　广州市营商环境改革"五连跳"历程

次序	时间	启动标志	主要改革内容
1.0 改革	2018 年 10 月	印发《广州市营商环境综合改革试点实施方案》	推进压缩企业开办时间、工程建设项目审批制度等改革；推动广州开发区、南沙自贸区、国家临空经济示范区 3 个重点区域改革取得更大突破；系统推进投资便利化、贸易便利化、市场监管等 6 项"走在全国前列"的改革
2.0 改革	2019 年 3 月	印发《广州市进一步优化营商环境的若干措施》	打造 1 个全国领先的"智慧政务"平台；争创 2 个走在前列的国家级试点示范区域［广州高新区（黄埔区）、南沙自贸区］；推进开办企业、办理建筑许可、不动产登记、缴纳税费、跨境贸易、获得电力、获得用水、获得用气、获得信贷、知识产权保护十大重点领域营商环境攻坚工程
3.0 改革	2020 年 1 月	印发《广州市对标国际先进水平 全面优化营商环境的若干措施》	聚焦企业全生命周期深化改革，推进减流程、减成本、减材料、减时间、优服务；打造 3 个高地（创新创业创造、国际营商规则衔接、法制化营商环境）
4.0 改革	2021 年 5 月	印发《广州市用绣花功夫建设更具国际竞争力营商环境若干措施》	坚持问题导向，围绕"国家试点、湾区示范、指标攻坚、涉企服务、数字赋能、智慧监管"六大方面总体布局，继续深化、细化、系统化各领域改革，加强地方事权系统集成，探索"广深通办""省内通办"，进一步提升营商环境改革精细化、精准化水平
5.0 改革	2022 年 1 月	印发《广州市建设国家营商环境创新试点城市实施方案》	以"激发活力"为主线，更大力度地支持市场主体创新发展，将制度创新和制度供给作为关键，实施"一照多址""一证多址"改革，探索企业生产经营高频事项跨区域互认通用，实现"网购式"智慧开办企业，促进诚信企业"经济再生"，完善"用地清单制"，促进要素市场化配置，打造粤港澳大湾区"物流走廊"，实行触发式监管"无事不扰"，着力破除阻碍市场主体投资兴业的体制机制障碍，更大力度利企便民，激发市场主体活力和社会创造力

广州市以数据赋能优化营商环境，力争"让数据多跑路、企业少跑腿"，营商环境初步实现了与国际水平接轨，得到了国内外有关机构的高度评价和认可。2010 年至今，广州市 5 次位列《福布斯》"中国大陆最佳商业城市榜"第一；2019 年 12 月，在中国社会科学院等单位发布的《中国营商环境与民营企业家评价调查报告》中，广州市获得第一名；2020 年 10 月，国家发展和改革委员会发布《中国营商环境报告 2020》，广州市入选全部 18 项指标领域标杆城市，电力、跨境贸易、办理破产、市场监管 4 项指标领域典型案例获评全国最佳实践。2021 年，广州市入选全国首批营商环境创新试点城市，表明广州市营商环境改革成效得到国家认可。在疫情的冲击下，2020 年广州市实有各类市场主体 269.67 万户，同比增长 15.78%，充分展现了"广州活力"。2021 年，广州市场主体突破 300 万户，高新技术企业突破 1.2 万家，在穗投资世界 500 强企业增至 330 家，民营经济增加值、社会消费品零售总额、商品进出口总额均超万亿元。市场主体不断壮大，市场主体活力和社会创造力得到有效激发，持续优化的营商环境成为推动高质量发展的重要抓手。

广州市聚焦企业全生命周期深化改革，围绕开办（注销）企业、办理建筑许可、获得用电用水用气、不动产登记、招投标等领域持续攻坚，着力"减流程、减成本、减材料、减时间、优服务"，为企业全生命周期保驾护航。

1. 开办企业实现"一网通办、半天办结、一窗通取"

开办企业是商事主体进入市场的第一道"门"。广州市各区推行开办企业"一网通办、半天办结、一窗通取"的新模式，上线"广州市开办企业一网通"平台，通过业务流程再重组、再优化，跨部门数据同步采集、同步共享，将原来 22 张表、469 项填报事项整合为 1 张表、55 项填报事项，将开办企业涉及的营业执照申请、印章刻制、发票申领等业务整合在一个流程中，实现"一表申报、一个环节、半天办结"。开办企业申请人只需要通过"广州市开办企业一网通"平台进行一次身份认证、一次信息填报，即可"一站式"申办业务。

"广州市开办企业一网通"平台除了计算机客户端，还开发了微信小程序，方便群众办理事项。企业在申办成功后，可以在企业住所、经营场所所在区的政务服务中心的"一窗通取"专窗一次性免费领取企业营业执照、4枚印章（包括企业公章、财务专用章、发票专用章、合同专用章）、发票和税务 UKey 等"大礼包"。广州市深化行政审批事项"证照分离"改革，完善告知承诺制、审批改备案等管理机制。广州市探索"区块链＋开办企业"创新应用，依托区块链基础平台，推动企业开办涉及的各部门业务数据上链，为企业全生命周期提供全链条便利化服务。"广州市开办企业一网通"平台如图 6.1 所示。

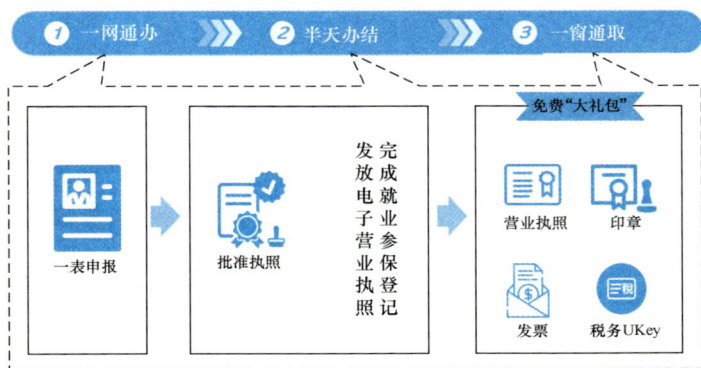

图 6.1　"广州市开办企业一网通"平台

2. 注销企业实现"一事一网一窗"办理

市场主体退出曾是"老大难"问题，广州市积极探索解决企业"注销难、注销烦"的问题，推进市场监管、税务、社保、商务、公安、银行等部门信息共享，优化企业一般注销和简易注销的登记程序，深化企业注销便利化改革，将注销公告时间由 45 天缩减至 20 天，实现一般企业注销在材料齐全、程序合法的情况下即来即办，推动实现企业注销"一网"服务。广州市注销企业"一网通"流程如图 6.2 所示。

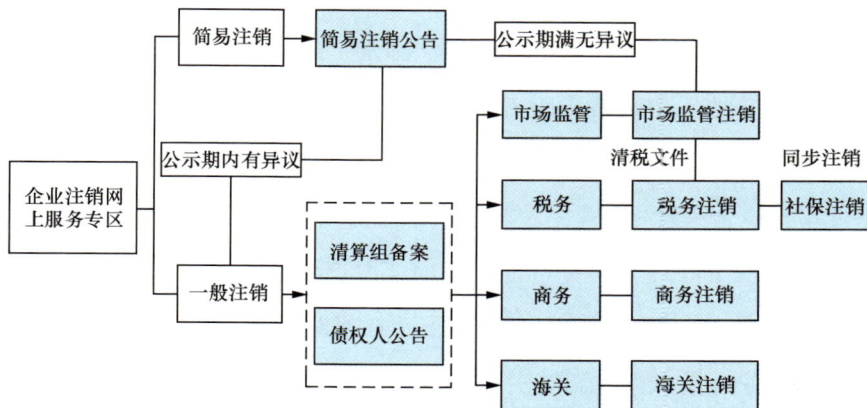

图 6.2　广州市注销企业"一网通"流程

3. 打造全国一流的不动产登记政务服务品牌

广州市先后出台了多份不动产登记改革政策文件，多措并举，持续发力，取消企业间办理存量非住宅交易网签，实现"四个一"（企业间不动产转移登记一小时办结、企业不动产抵押贷款一天办结、不动产转移登记与电水气过户一窗联办、不动产交易登记与缴税一网通办）。广州市加强土地权属纠纷信息公开，按规定公示土地纠纷案件审理情况等信息，全面推行不动产登记网上申请，扩充不动产登记上线业务推进"一表"申请，增加一小时办结业务的种类；通过业务场景分析，探索"区块链＋不动产登记"应用，实现全市不动产登记机构数据实时更新和同步安全共享；改造"不动产登记＋税务＋民生服务"一体化服务专窗，整合线上平台，共享信息数据，深化户口簿、结婚证、营业执照等电子证照的应用；探索"区块链＋不动产登记"应用，同时实现全市不动产登记机构数据实时更新和同步安全共享，提升不动产登记服务水平。

4. 企业用水、用电、用气申请办理全流程重构

广州市积极优化用水、用电、用气业务的审批流程，实现了"一窗式"联合审批；推动供水、供电、燃气、排水、通信等接入服务进驻政务服务大厅，合并纳入市政公用服务的窗口，统一提供"一站式"服务；实施"互联网＋用电报装"服务改革，实现"零跑动"，企业用水、用气实行"信任审批、全程管控"；完善市联审平台协同审批功能，将水、电、气的接入需求提前至办理施工许可证核发前实时推送至市政公用服务企业；持续优化水、电、气报装流程，规范公示办理时限、服务标准、资费标准，为小微企业提供水、电、气快速报装"三零"（零上门、零审批、零投资）服务。

5. 消除企业在招投标过程中的限制和壁垒

广州市全面优化招投标流程，取消招标文件事前备案，推行招标人负责制，清理无法律依据的投标报名、招标文件审查、原件核对等事项及材料；试行取消财政投资交通项目向投标人收取招标文件印刷费、交易服务费，实现投标"零成本"；鼓励采用电子保函等非现金形式提交投标和履约保证金，推进招投标全程电子化。

6. 实现政策兑现集成服务

广州市开发覆盖咨询、受理、审核、督办、拨付等环节的兑现服务功能模块，实现信息互联、实时共享，推动兑现事项一口受理、内部流转、

限时办结；推动粤港澳大湾区个人所得税优惠政策财政补贴、优秀创业项目资助等政策事项落地兑现；扩大惠企政策兑现全流程网上办理的业务范围，持续压缩政策兑现时间，实现企业快速申请，提供政策兑现优质服务；依托全市统一的公共支撑体系，建设智慧经济企业精准服务平台，及时更新涉企政策，主动向企业推送涉企、惠企政策，实现政策和服务的精准对接、惠企政策兑现应兑尽兑，发挥营商环境助推企业发展的作用。

广州市工程建设项目审批制度改革案例

从 2013 年至今，行政审批改革浪潮越发猛烈，广州市的工程审批改革从未止步。广州市按照国家、省、市的有关要求，建成"横向到边、纵向到底、全流程、全覆盖"的工程建设项目一体化联合审批平台，有效支撑了广州市工程建设项目审批制度改革的落地实施，实现了通过项目编码查询、回溯项目全流程的业务办理。截至 2020 年 12 月，工程建设项目一体化联合审批平台共支撑覆盖广州市 13 类项目审批流程，实现 11 个相关市直审批部门及水、电、气等市政公用服务单位共 109 项审批事项，11 个区和市空港经济区共 970 项审批事项可通过平台联合审批。平台上运行的项目有 22197 个，开展审批业务 63520 笔。

近年来，广州市工程建设项目审批制度改革从 2013 年的 1.0 版本升级到最新的 4.0 版本。在 2013 年出台的改革 1.0 版本中，广州市人民政府出台"并联审批、限时办结"政策，要求政府投资项目审批时间不得超过 145 个工作日；2016 年出台的改革 2.0 版本中补充了全要素管理，提出了审批全流程提速的理念；2017 年出台的改革 3.0 版本新增了"一窗受理"新措施，优化 23 项审批事项，进一步压缩审批时间至 115 个工作日；在 2018 年出台的改革 4.0 版本中新增开发工程联审决策系统平台，把政府投资类项目审批时间进一步压缩至 90 个工作日，把社会投资类项目进一步压缩至 50 个工作日。2019 年，广州市人民政府进一步深化改革，提出把政府投资类项目审批时间进一步压缩至 85 个工作日，把社会投资类项目进一步压缩至 35 个工作日。2020 年，广州市对标世界银行营商环境评价指标，再一次将办理建筑许可环节的时限压缩至 28 天。广州市工程建设项目审批制度改革历程及内容见表 6.2。

表6.2　广州市工程建设项目审批制度改革历程及内容

版本	时间	改革内容	创新亮点
1.0	2013 年	发布《广州市建设工程项目优化审批流程试行方案》，提出把审批办事指南标准化，整合建设工程项目审批流程为立项、用地、规划、施工、验收 5 个阶段	开创"并联审批、限时办结"先河，采取"整合流程、一门受理、信息共享"方式，提出审批总时间不超过 145 个工作日
2.0	2016 年	发布《广州市建设工程项目联合审批办事指引》，将整个报建流程变为 8 个组团（分别为前期工作、立项环节、用地审批环节、规划报建环节、施工许可环节、商品房预售环节、竣工验收环节及后续审批环节）	实现全要素管理、全流程提速、全方位协同、全过程监督，进一步减少审批事项，进一步顺理审批流程
3.0	2017 年	发布《广州市人民政府关于建设工程项目审批制度改革的实施意见》，提出优化审批事项；政府投资类项目试点多规合一；试行企业告知承诺制；简化收费环节，建立审批共享信息机制	将建设工程事项纳入一窗受理，实现了企业办事只需要"跑一窗，跑一次"，审批时间缩短至 115 个工作日
4.0 一阶段	2018 年	出台《广州市工程建设项目审批制度改革试点实施方案》，建立"一个系统联合审批，一张图报建，一张图验收"的审批体系，实现统一受理、并联审批、实时流转、跟踪督办、信息共享	构建"多规合一"业务协同平台，实现"联合审图"。政府项目的工程审批压缩至 90 个工作日，社会项目的工程审批压缩至 50 个工作日

续表

版本	时间	改革内容	创新亮点
4.0 二阶段	2019 年	出台《广州市进一步深化工程建设项目审批制度改革实施方案》，提出缩小施工图设计文件审查范围、扩大施工许可豁免范围；将政府部门组织、委托、购买服务的技术审查事项纳入统一平台监管；优化政府投资项目审批流程，将其调整为立项用地规划许可、建设许可、施工许可和竣工验收 4 个阶段	将政府项目审批时间进一步压缩至 85 个工作日，社会项目审批时间压缩至 35 个工作日
4.0 三阶段	2020 年	印发《广州市工程建设项目审批制度改革试点工作领导小组办公室关于印发进一步优化社会投资简易低风险工程建设项目审批服务和质量安全监管模式实施意见（试行）的通知》，提出严格落实联合验收制度，全面推行"一站式"免费代办服务，明确社会投资简易低风险工程建设项目标准等内容	在办理建筑许可环节，实现手续数量（6 个）远低于国内平均水平（18 个），办理时间仅需 28 天；实现企业办理建筑许可"零成本"

完善普惠深入的民生服务

我国以数字政府为抓手，运用大数据、云计算、人工智能等新一代信息技术更好地回应民生关切、改善民生问题、增进民生福祉，取得了显著成效，大幅提升政务民生服务事项办理的精准化、人性化、均等化、普惠化、便捷化水平，不断提升人民群众的获得感、幸福感和安全感。在省市层面上，各种数字便民、惠民创新应用不断涌现。广东省面向群众推出了全国首个集成民生服务的微信小程序"粤省事"；贵州省围绕偏远地区人民群众交通出行难等痛点问题，在全国率先推出了"通村村"农村客运出行服务平台；上海市以政企数据融合为抓手，在全国首创"信用就医"医疗服务模式；佛山市以数据跨部门流转推进教育便民化服务为理念，率先在全国推出了中小学无纸化入学改革；威海市以贯彻落实"放管服"和"一次办好"改革为契机，推进智慧人社"5A"政务服务建设。

在数字教育、数字医疗健康、数字人社、数字文旅等数字民生建设重点领域，广州市打造了一批有亮点、有特色、有口碑的信息惠民应用平台。例如，广州市在全国率先开通了市级教育信息化公共服务平台，让教育服务在线易得；打造了特色鲜明的数字医疗服务品牌——"广州健康通"，让就医诊疗指尖易办；在广东省率先成立了首家市级三方联合调解中心，在全国率先推广了在线调解、裁审微信小程序，让劳动纠纷指尖易决；在全国较早形成了集政务网、资讯网、微博、微信和旅游 App 等于一体的智慧旅游服务平台，让人们随时可浏览到旅游资讯。

广州市率先推进数字教育应用建设

广州市数字教育工作形成了由市教育信息化领导小组领导、市教育局科研处统筹、市教育局信息中心推进落实，市教育局各项目单位推进实施的管理体制，实现了数字教育全生命周期、全范围、全环节覆盖。

"数字教育城"公共服务平台。 广州市在全国率先开通了市级教育信息化公共服务平台，实施广州"数字教育城"工程，全市公办中小学校100%实现宽带网络"校校通"，民办学校互联网接入率达100%，全市中小学校基本实现优质资源"班班通"和网络学习空间"人人通"，全市实现学校无线网络全覆盖。广州市出台了《广州市中小学校智慧校园建设与应用标准体系（试行）》和《广州市中等职业学校智慧校园建设与应用标准体系（试行）》，大力开展了"三通"环境下教学创新模式、智慧学习模式、互动协作教学模式等研究与实践，"数字教育城"公共服务平台基本实现了优质数字资源高度共享，全面增强了智慧教育应用与创新能力。

"穗好办"App 统一办理。 广州市将学校基本信息、学籍信息、教师继续教育学时、学生体质健康、学位学历查询、中考志愿填报及成绩查询、高考志愿填报、民办教育机构年检申报及结果查询等教育服务内容上线到"穗好办"App。其中，中考网上报名、中考自主招生、中考志愿填报、中考成绩证明等功能被统筹至"广州中考服务"专栏，并被全量汇聚至"穗好办"App；申请人通过手机即可提交教师资格认定材料，中小学教师资格认定审核实现"零现场"办理。

广州市积极推进数字医疗共享共建

广州市按照《广州市政务信息共享管理规定》《广州市政府信息共享管

理规定实施细则》及相关法律法规的规定，紧密结合卫生健康工作和医疗大数据建设实际，扎实推动跨部门信息的共享工作，促进全市政府信息的有效整合、分类管理、开放共享、有序利用。

超大型城市全民健康信息平台。2012 年，广州市率先在全国建立"全民健康信息平台"，为医疗信息互联互通打下了坚实的基础。"全民健康信息平台"已连通包括全部省部属及市属医院、大部分区属医院和全部社区卫生服务中心在内的 295 家医疗卫生机构，基本实现了全市医疗卫生机构"一网联通"，在库实名电子健康档案超过 3600 万份，为各医疗机构提供了互联互通的基础数据和业务协同平台。各级医院的医生在为患者诊疗和进行健康检查时，可实时调阅其健康档案，通过查阅患者以往在各医疗机构的就诊信息，为患者提供更精准的诊疗方案。广州市通过大力推进医疗信息互联互通，打通省、市、区的"医疗信息高速公路"，真正让患者就诊信息"跑"起来，让电子健康档案"活"起来。

广州健康通。基于"全民健康信息平台"应用，广州市开设了"一站式"互联网医疗健康门户"广州健康通"，汇集全市上百家大型医院号源，群众通过"穗好办"App、微信公众号、支付宝即可实现预约挂号、医疗缴费、导航导诊、排队候诊、接种预约、学生入园入学计免在线查验、健康档案查询、检验检查报告查询、出生证预约、家庭医生签约等优质便民惠民服务，改革传统诊疗流程，实现指尖上的便捷就医，有效缓解群众就医"三长一短"（即挂号候诊时间长、取药检查时间长、缴费报账时间长、诊疗时间短）的问题。

电子健康码。针对不同医院就诊需要办理不同诊疗卡的问题，2019 年6 月，广州市成功发行电子健康码，首批 16 家三甲医院同时上线应用，宣告了"重复办卡"历史结束和"一码通行"时代到来。电子健康码是国家卫生健康委员会基于居民身份证开发的居民就医看病的"身份通行证"，居民手持个人专属二维码，可在全市、全省乃至全国，跨机构、跨区域、跨系统地实现"一码通用"，享受预约诊疗、移动支付、检验检查、取药、健康档案查询、报告查询等医疗服务。广州市还在全省率先实现了妇幼保健、计划免疫、家庭医生签约、义务献血、慢病管理等公共卫生领域的"一码"应用，并将逐步推出更多便民惠民功能。

检验检查结果互认应用平台。为解决群众就医"重复检验检查"的问题，2018 年，广州市建设检验检查结果互认应用平台，深入推进全市医疗机构医学检验、影像检查结果互认应用工作。二级以上医疗机构和医联体覆盖的公立医疗机构分批全部接入互认应用平台，患者就诊时，医生可实时调阅患者近期在其他医院做过要求互认范围内的检验检查项目及详细信息，如果医生重复开检验检查单，平台将发出预警提醒并要求医生填写原因。同时，广州市卫生健康委员会可通过后台监管医院检查检验互认行为，从而规范医生开单，让群众放心就医。

区域影像和检验中心系统。近年来，广州市社区卫生服务中心、卫生院等基层医疗卫生机构的硬件设施条件大大改善，但短时间内难以改变基层医疗卫生机构缺乏优秀诊断医师的现状，基层医疗卫生机构依旧面临有设备、无人才的困境。为了解决这一难题，广州市卫生健康委员会建设了区域影像和检验中心系统，鼓励基层医疗卫生机构与区域内的大型医院"结对"组成医联体，推动优质医疗资源下沉到基层，有效推进分级诊疗的实现。通过区域影像和检验中心系统，社区卫生服务中心（卫生院）可将患者拍片的图像信息传给上级医院，上级医院诊断后将报告回传，让患者在社区卫生服务中心就能享受三甲医院的专家诊断服务。这既提高了基层医疗卫生机构的服务水平，也免去了社区群众往返大医院的奔波之苦。良好的就医体验把更多的患者留在基层，改变群众"小病也往大医院挤"的就医习惯，与基层医疗卫生机构的发展形成良性循环。

互联网医院。广州市努力提升"互联网＋医疗健康"服务水平，通过实现医疗数据共享，促进医生和患者、患者和患者、医生和医生之间的交流，甚至实现远程医疗。2019年4月，广东省首批22家互联网医院上线应用。其中，广州市的医院有15家，超过总数的三分之二。目前，广州市上线互联网平台的医院仍在不断增加。广州市的互联网医院在新技术融合创新上积极探索，在智慧医疗创新应用上实现了多个首次突破：广州市第一人民医院完成了全省首例5G远程超声诊断；广州市妇女儿童医疗中心入选国家2019"互联网＋医疗健康"便民惠民十大案例，签发了国内首张出生医学证明电子证照，率先在全省实现了医疗电子票据开具。

广州市持续推进数字人社创新应用

2017年，广州市对全市人社政务服务事项实施标准化管理，确保所有事项在全市无差别受理、同标准办理。所有事项进驻广东政务服务网，办事要素在统一门户公布，让单位和群众明明白白办事，轻轻松松等待办理结果。人力资源和社会保障部门业务涉及的部门多，业务覆盖面广，为了让群众和企业办事更加高效便捷，广州市人力资源和社会保障局在人社服务流程上做"减法"，按照"六个一律取消"的要求，开展流程"重塑"和材料"瘦身"，累计精简幅度达48%，在减轻群众办事成本的同时节约了大量资源，提升了管理效能。围绕改革重点、民生热点，广州市持续推动高频服务和事项对接"粤省事""穗好办"，为群众和企业提供全市通办的指尖服务。目前，失业登记、社保清单查询及打印等6项服务事项和社保情况协查证明等 3 项证明开具已进驻"粤省事"，社保卡申领、个人就业登记查询等 12 项事项已在"穗好办"上线。

人社数据融合发展。广州市人力资源和社会保障局 72 项人社数据主题已被纳入广州市政府信息共享平台，日均提供数据 240 万条，为住房和城乡建设、司法、统计等多个单位提供了数据交换对接服务，并且不断深化政务数据共享共用，横向打通了教育、医疗卫生、公安、民政等部门，纵向与广东省政务信息共享平台、国家部委相关平台积极连通，申请数据主题 24 项，有效促进了业务协同。

"互联网 + 政务服务"。一是广州市推进稳岗补贴全流程网办，巧用大数据比对助发放。广州市通过主动比对税务等多部门的数据，免除企业申请，缩减办理时限与流程，精准发放 2019 年稳岗补贴 7.29 亿元，涉及企业 24.2 万家。二是广州市在全省率先实现养老金领取认证"零跑动"。广州市 2017 年率先推出手机微信"刷脸"办理领取养老金资格认证服务；2018 年推出微信身份证"网证 CTID"认证领取养老金资格服务，该服务同步进驻"粤省事"，开启了"互联网 + 退管服务"移动办理新模式。三是广州市通过移动互联打通堵点，人才引进提质增效。从 2019 年 10 月开始，人才引进申办系统开通了移动端申报，实现了在职人才引进入户的"零预约、不见面、高效率"的全流程网办新模式。

"一卡通"便民服务。广州市推动社保卡向"市民卡"转变，让人社服务延伸到每个人。按照人力资源和社会保障部《社会保障卡应用目录（试行）》的 102 项应用要求，广州市实现社保卡在培训就业、养老保险等 10 类子业务领域 159 项应用的覆盖。为了打造全市"一卡通"便民服务模式，广州市积极推动在业务办理中使用社保卡身份识别，全市通用，一卡通行，同时，积极推进"一卡多用"。广州市在全国范围内率先实现老年人乘车、看病、消费、优待"一卡通"，覆盖全市 1000 多个"长者饭堂"，老年人可刷卡就餐并享受配餐优惠。广州市农业局、广州市卫生健康委员会推进将惠农补贴资金、独生子女奖励金发放到社保卡。截至 2020 年 6 月，广州市线上实名认证绑定社保卡 574 万张，签发全国统一电子社保卡逾 296.8 万张，实现社保查询、医保移动支付、线上注册市图书馆读者证等便民应用。

广州市稳步推动数字文旅高质量发展

广州市以弘扬优秀传统文化为引领，以培育和打造世界文化名城、世界旅游目的地为目标，稳步推进数字文旅事业高质量发展，推动城市文化综合实力出新出彩。在政府数字化转型的大背景下，数字文旅除了涉及产业经济数字化转型基本属性，还具有政府端文旅信息化管理与服务的特点，作为全国旅游综合试点城市，广州市拥有旅游发展资源、信息技术、人才等众多优势，在文旅数字化转型过程中有自身的发展路径与特色。

广州市各区文旅行业坚持创新与融合发展，在文旅活动中融入新理念、新科技，积极打造智慧旅游主题活动，搭建智慧服务平台，丰富"云游"业态，打造特色文旅小镇。海珠区加快普及智慧化服务形态，运用科技手段开拓主题活动，丰富云旅游、云看展、云赏花、旅游直播、VR 游等云游业态。荔湾区通过"云销售"丰富产品供给，鼓励区内文旅企业结合国庆、中秋节日创新文旅产品供给模式，联合线上平台推动产品"上线"。番禺区积极推进岭南文化与动漫文化融合的岭南特色文旅小镇建设，发展"数字 +"产业融合新业态，打造"科技—动漫—文旅"三位一体的产业生态系统。从化区积极打造智慧旅游服务平台，利用区文化广电旅游体育局微信公众号，发布与旅游相关的资讯和电子地图；区内流溪河、石门两大国家森林公园上线智慧语音导览系统，为游客提供导游、线路等出行服务。花都区以数字化手段实现文旅产业新供给，通过整合全区"食、住、行、游、购、娱、文旅"等信息，上线"智游花都"小程序，打造连接线上、线下的智慧文旅服务平台。

第 7 章

数字政府大治理,
开创城市治理新格局

数字政府大治理通过跨部门、跨区域、跨层级的有效协同方式，形成政府为企业和社会公众提供公共管理和服务的新模式。数字政府大治理可划分为城市治理、社会治理、生态治理、市场治理、乡村治理等多个维度。

“一网统管”的城市治理

2020 年，广州市开始建设以“一网统管、全城统管”为目标的“穗智管”城市运行管理中枢，汇集应急管理、社会舆情、经济运行、公共安全、医疗卫生、规划建设、城市管理、交通运行、营商环境、生态环境、民生服务等领域的治理要素，综合构建“感知智能”“认知智能”“决策智能”的城市发展新内核，打造数据全域融合、时空多维呈现、要素智能配置的城市治理新范式。“穗智管”的体系架构如图 7.1 所示。

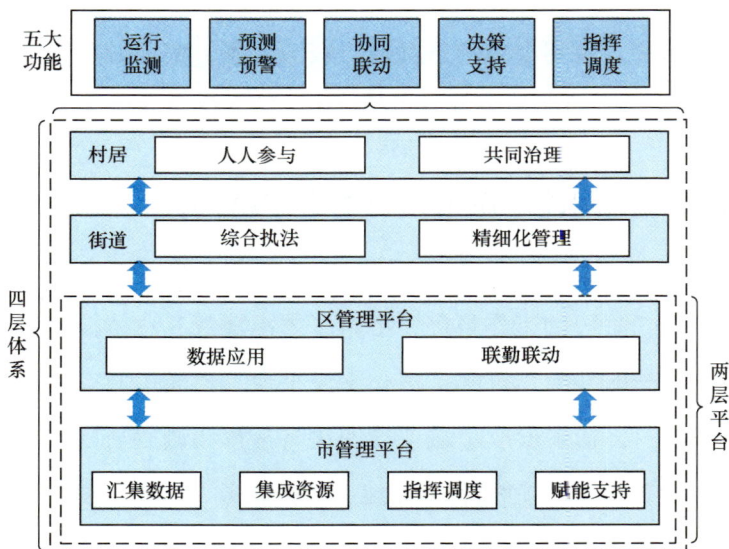

图 7.1　“穗智管”的体系架构

广州市“穗智管”城市运行管理中枢的建设路径

“穗智管”城市运行管理中枢的建设计划分为前导期、提升期、持续发展期 3 个阶段，最终实现"一图统揽，一网共治、一网统管、全城统管"，推动城市管理手段、管理模式、管理理念的创新，探索实践中国特色超大精细化管理新模式，打造全球城市数字化治理新标杆，促进广州老城焕发活力。

第一阶段（2020 年 6 月 1 日—2020 年 8 月 31 日）：初步搭建"穗智管"技术框架，接入部分重点业务系统的数据，初步建立城市运行体征指标体系和运行图。

第二阶段（2020 年 9 月 1 日—2020 年 12 月 31 日）：持续深化"穗智管"功能，完成城市服务和政务协同综合入口的建设，建成全市统一指挥体系，基本实现城市运行"一张图"，初步形成城市管理决策指挥和调度协同一体化。

第三阶段（2021 年 1 月 1 日—2021 年 12 月 31 日）：全面建成"穗智管"市区两级协同管理平台，全方位深化"横向协同、纵向联动"的一体化城市运行管理新格局，做到全市信息互通、资源共享，实现城市管理、社会治理"一网共治"，全面提升城市治理科学化、精细化、智能化的水平。

广州市"穗智管"城市运行管理中枢的建设成效

截至 2020 年 12 月底，广州市基本完成"穗智管"城市运行管理中枢建设的第一、二阶段的工作目标，搭建了"穗智管"总体技术框架，为城市运行管理"一网共治"筑牢了核心支撑平台，建成了城市运行体征指标体系"一张图"，初步形成了城市管理决策指挥和调度协同一体化。"广州特色、一图 20 主题"包括智慧党建、政务服务、营商环境、城市调度等应用场景，打通了 32 个部门的业务体系和数据，对接了 115 个业务系统，接入数据总量超过 6 亿条，形成城市体征数据 2316 项，基本实现城市运行"一张图"的格局。20 个主题应用场景如下。

智慧党建。智慧党建主题以"科学决策、高效指挥、协同管理、人民满意"为衡量标准，响应党的创新理念，通过"党员铁军、红色堡垒、党建阵地、初心为民、羊城先锋、红联共建、红色路线"等板块，融合全市党组织、党员、党群服务中心、党校、"双报到"活动等信息，反映广州市党建工作的开展情况，为促进全市党建工作的整体统筹提供参考。

营商环境。围绕世界银行营商环境评价指标体系及国家发展和改革委员会营商环境评价体系，以营商环境各项指标数据监测为核心，结合广州市的实际情况，增加其他涉企相关指标数据，整合营商口各涉企业务部门的数据，围绕开办企业、办理建筑许可、获得电力等指标，聚焦企业的全生命周期，通过营商环境主题的数据分析，为广州市优化营商环境提供系统支撑。

民生服务。民生服务主题以解决全市范围内民生热点、堵点和痛点问题的"一图统揽"为目标，通过公共教育、劳动就业、社会保障、医疗保障、民政服务、文化旅游六大模块共 873 项指标，实现对民生资源的集中统筹、高效监管、风险预警，辅助相关业务职能部门及时跟踪政策执行情况及优化决策部署。

经济运行。经济运行主题有经济实力、城市活力、城市对比、工信运行、重点工作、重点产业、科技创新 7 个模块，对经济重点指标进行多维度分析（同比、环比、区域对比、城市对比、行业对比等），综合呈现广州市的经济运行情况和城市活力，并针对工业和信息化的经济和科技创新等进行重点专项分析，为研判广州市经济发展提供决策支撑。

公共安全。公共安全主题融合指挥、治安、交警、户政、网警、情报的业务数据，实现警情、重大事件地图联动，事前、事中、事后信息一屏通观，为统一指挥调度提供信息支撑；着力将警务模式创新与现代科技"深度融合"，推动警务模式从"人力型""被动型"向"智能型""主动型"转变，增强人民群众的获得感、幸福感和安全感。

规划和自然资源。依托"穗智管"城市运行管理中枢，汇集自然资源底数、土地储备和供应、历史文化名城、海洋与地质灾害预警等数据，通过数据可视化和分析研判功能，结合全市层面的信息共享、业务协同，促进自然资源合理开发利用和城市可持续发展，推进城市治理能力和治理体系现代化。

生态环境。生态环境主题通过充分利用广州市城市信息模型基础平台成果，建设全市生态环境总体态势图，全面洞察全市环境质量、核心目标、控制指标；构建全市大气环境质量、水环境质量、固废污染防治、监督执法、生态保护等生态环境专题图，智能发现、预测和分析环境质量、污染防治等问题，随时掌握历年广州市的环境质量情况和变化趋势；帮助管理者了解广州市的环境质量状况和影响因素，为管理者决策提供数据支撑。

城市建设。城市建设主题通过整合广州市住房和城乡建设局内部的智慧工地、城市更新、城建重点项目、消防审验、房地产市场监测、城市体检等方面的相关业务数据，实现关键指标和业务内容展示，为管理者全面掌握城市运行体征指标数据和未来发展态势及做出宏观决策提供数据支撑。

交通运行。交通运行主题融合广州市交通基础设施、城市交通、客货运输等交通各行业的资源，以及城市治理等专题信息，掌握城市对外、对内交通总体运行态势，全面分析全市交通建设、运输情况，打造综合枢纽交通科技执法等应用场景，实现城市交通智能运行监测与科学管理服务。

智慧水务。智慧水务主题基于数字广州基础应用平台、智慧广州时空信息云平台、城市信息模型等公共基础平台的数据，构建河长制、水利、排水、水资源、供水、节水、海绵城市、黑臭水体等板块的专题展示，为城市内涝管理、黑臭水体治理、防灾减灾等工作的智能化和精细化管理提供数据支持，辅助管理者做出决策。

单一窗口。基于中国（广州）国际贸易单一窗口的建设，充分展现中国（广州）国际贸易单一窗口服务、对外服务贸易发展情况及推进广州市通关改革情况。结合单一窗口的特色应用，展示跨境电商、市场采购等外贸新业态近几年的发展趋势，为持续提升通关服务能力和优化跨境贸易营商环境，提供科学决策的数据支撑。单一窗口主题共建设了首页、单一窗口核心应用、港口口岸和航空口岸 4 个模块。

医疗卫生。基于广州市医疗资源的分布和配置情况，医疗卫生主题结合急救实时指挥调度、院前急救管理、血液实时调拨、医疗服务、传染病监测预警、卫生监督等场景，形成医疗救治、公共卫生、卫生监督、综合分析等板块，综合了解广州市医疗运作情况，为突发、重大事件提供有力的医疗支持和保障。

应急管理。结合智慧广州时空信息云平台和"四标四实"数字广州基础应用平台，应急管理主题融合气象、海洋、水务、林业、交通、公安、消防、住房和城乡建设等专业部门的基础数据及实时监测数据，建立与应急相关的基础资源库和专题库，初步实现自然灾害、事故灾难风险源的全面掌握和感知；同时融合互联网位置大数据，打造应急管理"一张图"，构建三防灾害风险和森林防火风险等综合场景，为防范突发事件风险研判提供科学分析，为处置突发事件提供预警预测，为应急资源配置提供精准支持。

互联网＋监管。基于智慧广州时空信息云平台，建立"互联网＋监管"主题，全面归集市场监管、环境保护、医疗健康、食品药品安全等领域的监管事项、监管对象、执法人员、行政检查、行政处罚、行政强制、"双随机一公开"、投诉举报的民生数据及信用联合奖惩信息等。将归集的数据构建一张"互联网＋监管"分布图，从多个维度展示与分析全局态势，实现监管事件跟踪、评价分析及执法可视化展示，深化构建"事前管标准、事中管检查、事后管处罚、信用管终身"的新型监管机制，推进与政务服务深度融合，加强对市场主体的全生命周期监管"大闭环"。

城市管理。 城市管理主题对接广州市数字城管系统、广州 12345 政府服务热线平台、广州市城市管理和综合执法系统等七大业务系统的数据，构建城市管理专题的运行中枢平台，以垃圾处理、燃气管理、数字城管板块为基础，采用动静结合的展现方式，提供各场景的整体态势感知，为政府决策提供智能辅助功能；建筑废弃物板块结合渣土车运输、资源热力厂业务处理状况、填埋场实时状况、燃气气化站管理等业务场景，使用实时定位技术，实现各业务链路的全方位追踪。

城市调度。 城市调度主题按照"大网格、大智慧、大巡查、大参与、大管控"的工作理念，基于广州 12345 政府服务热线平台、广州市来穗人员服务管理信息系统、数字广州基础应用平台（网格化功能模块）、各区"令行禁止、有呼必应"综合指挥调度平台的建设基础，构建城市韧性、城市运行效能评价指标体系以辅助管理者做出决策，全方位呈现服务热线和基础网格的工作情况，通过图谱模型分析，挖掘城市治理"老大难"问题，以及对"广州马拉松"、重大事件疫情保障和重大节日保障等活动专题进行实时感知和指挥调度。

一网通办。 基于广州市一体化政务服务平台建设成效，一网通办主题通过多维度统计分析，全面展现广州市政务服务从咨询、办理到评价的全流程业务运行情况、各项服务能力及服务创新实施情况，为不断提升广州市政务服务"一网通办"服务能力提供决策依据。

智慧气象。 基于整合广州市气象局现有的数据与资源，智慧气象主题建设天气、暴雨、台风、城市气象安全、生态农业保障、预警应急 6 个板块，充分展示气象局在气象监测、预报预警、城市服务等方面的工作内容。同时，将生态环境、应急管理、交通运行、智慧水务等数据与气象数据融合，为广州市委、市政府及相关委办局在应急管理方面提供气象信息的决策支持。

智慧调研。基于融合通信、移动互联网、无人机等技术，智慧调研主题对接广州市委智慧调研系统，围绕全市重点企业、在建重点项目工地、重点场所进行信息展示、视频会商、远程调研，实时响应企业在复工复产中遇到的困难及诉求，做到主动关怀，企呼必应。

基础支撑底座。基础支撑底座主题展示了广州市政务云服务平台、广州市政务信息共享平台、"四标四实"数字广州基础应用平台、视频云平台、智慧广州时空信息云平台、广州城市信息模型平台和政务大数据等基础信息平台的宏观指标和数据，为实现统一的资源监控，节约国家资源，提高平台运行效率，提高服务支撑能力等提供参考。

建立"人、企、地、物、政"5 张城市基础要素全景图。以人为核心，融合各部门的人口数据，从宏观全市人口总体现状，中观人口画像、特定人群画像及在医疗、出行、教育等社会生活各领域人与人、人与物的关联分析，微观网格到户到人的精细分析，建立人与单位、基础设施、空间、网格、建筑物的关系，构建起完整的人口数据基础库。围绕经济、产业、企业的全生命周期管理及预测预警对全市经济环境、营商环境进行分析，从经济概览、企业概况、重点产业分布、企业运营监测、智能预警 5 个方面构建全市和各区企业运行体征指标波动的综合监测。运用数据分析保障企业服务更精准。围绕地址、地图信息，归集分类梳理全市资源建设的情况，打造全市数据资源"一张图"，实现基于地图的全市各类资源总览，构建空间分析服务能力，夯实地址数据基座，支撑城市精细化管理。以城市基础设施和城市部件为核心，融合人工智能、5G、云计算、大数据等新一代信息通信技术，对城市整体物理状态进行全息感知，为指挥调度提供全面、实时、准确的物联监测信息，保障城市更稳定、更安全、更高效地运行。围绕政务服务事项和效能，聚焦政务服务基础资源、市民及企业诉求"一号接听"、政务服务"一网通办"等方面，发挥"服务效能监督管理服务"和"互联网＋监管服务"两大功能，助推全市营商环境优化，助力城市治理"一网统管"。五大类城市基础要素数据相互聚合、穿透，释放城市运行相关基础数据资源的"乘数效应"，为城市运行相关管理部门和基层组织提供精细且精准的数据支撑，为优化城市公共资源配置赋能。

搭建"穗智管"城市运行管理中枢，打造"一网统管、全城统管"的"城市大脑"，并由专业服务团队运营，有助于加快城市数字资源整合和有序共享，推动部门协作，实现城市事件感知自动化，快速感知人们难以识别的事件信息，有效助力城市精准管理。"穗智管"对多维度城市信息进行统一汇聚、资源整合及关联分析，实现一个平台用"一张图"展示和分析与事件相关的所有信息，辅助决策智能化，为预防及改善城市问题提供科学的决策支持，真正成为"统揽全局、监测预警、协同联动、决策支持、指挥调度"五位一体的城市运行管理中枢。

"穗智管"城市运行管理中枢通过对广州市各领域实行动态运行监测，加强市各部门、市区间的协同联动机制，把解决市民最关心、最直接、最现实的问题作为重点，最大限度地利用现有信息化建设成果，让数据真正可知可感，让决策有数据可依，科学地提升决策的效率与能力，不断提升城市公共服务和治理水平，助力广州市城市运行管理更加科学化、精细化、智能化，有助于增强城市与市民的互动，也使市民的日常生活更加智能化和便捷化，从而提高企业和群众的幸福感。

精细智能的社会治理

社会治理是国家治理的重要方面。近年来，全国各省市政法部门牵头，统筹相关地区和职能部门，不断拓展信息技术在社会治理领域的实体应用范畴，促进大数据、云计算等新技术在推进科学决策、沟通社情民意、提供公共服务、强化市场监管、预测社会风险、解决难点问题、加强平安建设、优化城乡社区治理等工作中的广泛应用，构建起全面覆盖、统一调度、信息共享、动态更新的社会治理综合信息系统和社会治理云服务平台，实现"人在干、数在转、云在算"，推动社会治理从低效到高效、从被动到主动的转变。

同时，全国各省市不断强化基层社会治理触角，全面推行城乡网格化管理，将党建、综合治理、城市管理、安全生产、食品安全等多个部门纳入统一的网格体系，实行统一编码管理和一个网格管到底，实施村（社区）管理"网格化＋信息化"全覆盖，将网格内的人、地、事、物、组织等要素归入单元网格进行系统化管理。

广州市白云区"令行禁止、有呼必应"社会治理新模式

广州市是一座常住人口超过 1500 万的超大城市，人口高速流动、社区高度密集、利益高度分化和社会原子化成为这座城市的显著特征。作为广州市人口最多的行政区、面积最大的中心城区，白云区辖内业态

繁复各异，如何实时把握城市脉搏，监测城市运行态势，如何及时高效响应市民诉求，保障各类城市治理事项得到快速响应和有效处理，成为白云区社会治理的关键问题。2020 年 1 月以来，在广州市委的统一部署下，白云区整合组织、政法、政务、公安、应急、水务、城市管理等部门的资源，运用大数据、云计算、区块链、人工智能、物联网等新一代信息技术，搭建起白云区"令行禁止、有呼必应"综合指挥调度平台，采用统一的 GIS 三维地图，区、镇（街道）、村（社区）三级架构，系统数据自动更新，构建了白云区"一屏观白云、一键连指挥、一门办业务、一网统管理"的社会治理新格局。

广州市白云区的主要做法和经验包括以下 4 点。

一屏观白云。"令行禁止、有呼必应"综合指挥调度平台接入政务服务、公共安全、城市管理、住建交通、卫生教育、市场监管等 28 个单位共1930 类数据指标，初步形成了城市运行体征指标体系和运行图，切实提高了城市运行态势实时监测和智能预警水平。

一键连指挥。广州市白云区成功建立覆盖全区三级的视频会商系统，实现对各层级、各人员的实时视频连线指挥，基本实现面对面指挥；同时，汇聚全区 3.5 万路视频监控，基本实现远程勘察，为决策调度提供第一手现场信息。

一门办业务。该调度平台目前已完成 26 个高频系统集成接入，通过统一身份认证平台，实现"一次登录，多项办理"，大大提高了执行效率。

一网统管理。通过构建大屏、计算机端和移动 App 端三端协同体系和"区—镇（街道）—村（社区）"三级平台体系，整合智慧城管、智慧安监、智慧三防、智慧教育、明厨亮灶监管等各类智慧应用，广州市白云区形成集数据分析、监测预警、指挥调度、业务处置于一体的管理平台，助力提升各级部门的行政管理效能和城市治理能力。

广州市实现应急管理"人机互促、普特兼顾"

广州市作为华南地区的综合性工业制造中心，具有危险化学品相关企业量大、点多、面广的特点。据统计，广州市共有危险化学品生产、经营企业近 3000 家，安全生产任务繁重。为了防患于未然，2019 年，广州市建成全国首个危险化学品动态监管平台，该监管平台以危险化学品全生命周期为基准，以涉危企业和涉危运输车辆为监管着力点，结合企业生产、使用危险化学品等数据的自动核算和重大危险源在线监控等方式，实时动态监管危险化学品生产、储存、运输、经营、使用、废弃全生命周期。

广州市以地理空间信息系统为基础，动态跟踪危险化学品"从生到死"的全过程，构建和编制广州市危险化学品监管"一张图"网络，其中包括企业分布一张图、危化品分布一张图、运输车辆一张图、应急救援一张图、在线视频一张图、综合监管一张图，实现监管信息共享共通、监管方位无死角、监管过程全记录的综合体系。截至 2020 年年底，广州市危险化学品动态监管平台已接入社会公共视频和企业内部视频超过 3 万路，涉危企业超过 3000 家，整合各类应急资源超过 1000 处，目前有计算机端用户超过 6000 个、App 用户超过 10000 个，将进入广州市域内近 1 万辆危运车辆及 18 家涉危港口企业纳入监管，监管涉及危险化学品的危险品运单超过 100 万笔、船舶装卸单超过 3 万笔。

广州市的主要做法和经验包括以下 4 个方面。

1. 车辆运输跟踪

广州市的危险化学品动态监管平台利用手机 App，通过运输司机与源头企业进行装 / 卸货相互确认，运用车辆全球定位系统（Global Positioning System，GPS）跟踪运输轨迹，实现广州市辖区内车辆与企业、企业与企业、区域与区域之间，以及广州市与外市、外省之间的危险化学品运输的实时动态管理。

2. 危险源监控

对于重大危险源，该监管平台在企业端设置前置机实时自动采集数据，实时在线监控企业储罐的温度、压力、液位信息及重大危险源周边气体浓度信息等数据，同时自动采集实时报警数据，自动形成预警信息推送，自动记录企业隐患信息，引导企业整改跟踪预案，并进行预警风险研判，实现重大危险源的在线实时监控。

3. 在线视频管控

该监管平台基于地理信息系统地图，设置危险化学品运输车辆禁、限、控区域，利用车辆定位信息实时监控运行线路，对进入禁、限、控区域的车辆及异常停放车辆进行风险管控，同时利用企业三维全景及在线实时视频信息进行风险管控。

4. 应急救援调度

在应急救援方面，通过整合应急队伍、专家、物资、避难场所、脆弱目标、医院、卸载点、仓库等资源信息，该监管平台组成应急资源"一张图"，引入危险化学品气体扩散模型和爆炸模型形成事故模型应用，利用无人机实时传送现场视频和社会视频，并结合应急预案库，实现应急辅助决策，提供技术支持和指挥调度功能。

广州市构建智慧交通保障"最强大脑"

广州市交通运输局构建"一个中心、三大平台"城市智慧交通体系，应用大数据、云计算、人工智能、物联网等新兴技术，整合铁路、民航、高速公路、地铁、公交、气象环保、手机信令等 20 多类综合数据资源，构建全流程疏运组织服务管理模式。智慧交通系统应用覆盖 4 个大型综合客运枢纽、20 多条高速公路及长途客运站、地铁站、商圈、景点等多个重点区域，有效支撑了综合枢纽客流疏运、城市运力保障、高速公路畅通，被媒体誉为交通保障"最强大脑"。广州市城市智慧交通体系框架如图 7.2 所示。

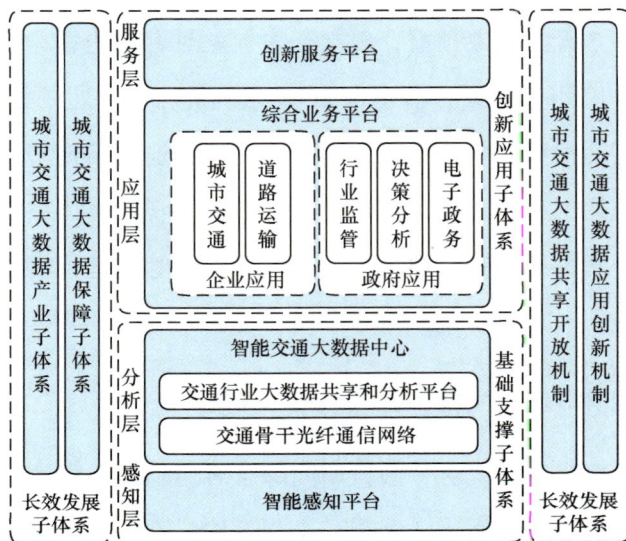

图 7.2　广州市城市智慧交通体系框架

广州市的主要做法和经验包括以下 4 个方面。

1. 高效整合，充分激发交通信息资源的应用价值

广州市交通运输局深化与相关部门的合作交流，共享并整合铁路、民航、高速公路、地铁、公交、气象环保、手机信令等 20 多类资源，数据门类超过 800 类，每日新增数据总量超过 350GB，有效支撑了大数据融合与分析应用，更全面、深入地掌握交通运行态势。同时，广州市将上述共享数据广泛应用于综合枢纽客流疏运、城市运力保障、高速公路畅通等工作，并通过"广州交通·行讯通""春运广州"等平台向市民及时发布高速公路出行指引、城市运力保障等权威信息。

2. 整体掌控，宏观总览全局运行态势

广州市智慧交通系统采用宏观视角，首次以整个广州市为统计单元，整体分析每天从广州市迁徙到全国各省的客流总量，重点关注客流迁徙量较大省份未来 7 天的气象预报，研判全国气象对客流的影响，宏观掌握交通动态趋势。广州市挖掘分析全市 20 多条高速公路、2 万多辆出租车、4 个大型综合客运枢纽等相关数据，构建并完善高速公路拥堵里程比例、综合客运枢纽疏运饱和度、城市交通拥堵指数等宏观指标体系，助力交通管理部门快速了解高速公路、综合枢纽、城市路网等的运行情况，科学制定交通保障措施。

3. 挖掘规律，深化交通运输科学精细保障

广州市智慧交通系统对节假日期间综合客运枢纽、高速公路、城市交通等不同场景的客流、运力、路况、交通事件、预警、天气等关键特征指标进行综合比较、数据对碰、融合分析，挖掘不同门类数据的关联关系、共性特征、内在规律，构建综合交通知识库，促进节假日工作科学治理，

为后续制定相关保障方案提供决策知识。

4. 强化保障，支撑全时段调度疏运服务

广州市智慧交通系统集成了应用全景视频、交通仿真、机器视觉、卡口视频等技术，将视频与交通大数据深度融合，创新推动视频智能化应用，实现交通要素、行业态势的智能分析、综合研判，有效支撑了春运等重大节假日的交通保障、高速公路的畅通。广州市智慧交通系统将视频与手机信令结合，精细化监测火车站人群动向；通过全景视频实时掌握火车站全貌及细节特征，运用机器视觉技术实时监测进出站人数，融合手机信令准确分析人群驻留情况，研判人群滞留态势；将视频与交通仿真结合，实景对比分析应急预案效果；综合运用广州南站周边卡口信息与大数据分析技术，强化交通执法，对非法营运车辆的时空分布规律进行精细化画像分析，实施精准打击。在春运期间，为了保障市民在广州南站、白云机场的出行，广州市聚焦客流需求分析，强化运力调度匹配，建设广州南站、机场客流疏运专业板块，全面集成和综合分析人群监测、驻留时长、交通运力、班次正晚点、视频监控、应急预警等信息，做好正常疏运与应急疏运场景的运力调度。

广州市建设"线上巡城"精细化城管平台

随着视频监控前端的不断增多，探索智能视频分析应用、提高工作效率成为破解城市管理难题的迫切需要。广州市城市管理部门利用人工智能和大数据分析技术在全国率先推出城市管理视频智能分析应用系统，为城市管理实时监控、快速处理、高效督办、共治共享提供技术支撑，成为智慧城管建设的新方向。

2018 年，广州市城市管理委员会牵头搭建了可承载 10 万路视频资源的视频联网平台，对接公安、城市管理、住房和城乡建设、交通等部门的视频资源，并完成了与广州市视频云平台、视频智能分析系统和数字化城市管理平台的互联互通。

截至 2020 年年底，城市管理视频智能分析应用系统已接入全市 2000 多路城市管理问题多发区域的视频资源、近 2000 套道路卡口照片资源等，视频智能巡查的范围已覆盖城市主次干道等领域，形成了广覆盖、宽范围、快速发现、快速处置问题的城市管理"千里眼"。目前，依托全市 4000 多路视频资源，通过人工智能技术，城市管理视频智能分析应用系统可以对城区主要地段店外经营、占道广告、游商小贩、乱扔乱倒、乱堆物料、垃圾满溢、垃圾暴露、沿街晾晒、余泥渣土运输 9 类城市管理多发易发问题进行智能采集，自动抓拍、自动截图、自动筛查和自动记录违规的时间、地点、问题类型等，经视频巡查员审核后可一键推送至广州市数字化城市管理系统。

城市管理视频智能分析应用系统上线以来，通过视频监控巡查发现案件每月超过 1500 宗，立案查处 1000 多宗，工作效率实现再提高；通过道路卡口对余泥渣土运输车进行自动抓拍、自动分析、自动筛查、一键派案、快速处置，监管效能大大提高，群众不满意的余泥渣土车辆违规运输、沿途撒漏的现象得到整体性、结构性遏制。

精准科学的生态治理

生态治理数字化转型是数字政府建设的重要内容。近年来，全国各生态环境部门和有关科研院所、高科技企业积极探索，在生态环境大数据助力打赢打好污染防治攻坚战、改善生态环境质量等方面，取得明显成效。例如，浙江省依托浙江省数据管理中心统建的公共技术组件和数据资源体系，在建设全省生态治理集约整合基础设施体系的基础上建立了生态环境主题库，打造全省生态治理的大平台、大系统、大数据中心，并建立环保部门的数据仓，提高生态治理的信息化、智能化水平；深圳市水环境质量综合管理系统通过移动 App 实现对所有黑臭水体全天候、全覆盖、无死角巡查管理，及时发现并全程跟踪解决问题，支撑打赢碧水保卫战；雄安新区生态环境智慧监测系统首次将 5G 应用于白洋淀水质应急指挥调度平台，在行业内率先实现 5G/VR 全景视频移动监控；福建省生态环境大数据平台通过"云智慧"提升人民的幸福感。

广州市南沙区运用科技手段精准治污

近年来，臭氧成为影响南沙区空气质量指数达标率的主要因素。挥发性有机物是臭氧产生的重要原因，开展相关防治工作是南沙区 2020 年打好污染防治攻坚战的重要工作方向。在落实疫情防控、复工复产举措的同时，南沙区紧跟广东省、广州市的各项工作部署，组织开展挥发性有机物走航监测和无人机巡航工作，通过对全区挥发性有机物污染源开展全面摸排、对重点区域采用走航筛查和无人机飞行排查等科技治污手段，点面覆盖锁定污染点位，精准开展南沙区大气污染防治工作，有效缓解臭氧污染问题。

2020 年，南沙区对辖区内涉及化工、涂装、印刷包装、制鞋、橡胶和塑料制品、电子信息、家具七大类重点行业的 145 家重点监控企业所在区域进行了走航筛查和无人机飞行排查工作。截至 2020 年 6 月，南沙区通过共计 41 天的走航监测，发现 23 家企业存在挥发性有机物浓度异常点位共 34 处。截至 2022 年 6 月，广州市南沙区人民法院共强制关停违法排放企业 197 家。同时，南沙区结合对辖区内挥发性有机物排放集中区域、大气防控重点区域开展无人机挥发性有机物飞行排查，进一步精准锁定点位，第一时间予以现场执法帮扶，发现问题，跟进指导，切实减少挥发性有机物的排放，在重点工业园区提升整治、企业环保管理帮扶改进、片区环境空气质量改善等方面取得积极成效，实现了环保管理重点行业源大数据摸查和异常点位精准整改提升的有效融合。

在生态环境信访案件、突发环境应急事件处理方面，南沙区生态环境部门也充分运用挥发性有机物走航监测和无人机巡航的辅助功能，有效提升行政管理执法的效率及水平。

在大气面源管理方面，为了实现臭氧与细颗粒物的协同控制，南沙区还针对全区工地、道路扬尘，露天焚烧等问题开展无人机飞行排查，共开展无人机飞行排查 83 天，发现露天焚烧场所 34 处，工地扬尘问题 136 处，确保片区全覆盖，交办有反馈，整改迅速到位。

广州市水务一体化平台实现智慧水务治理

广州市"河长管理制"以建设信息系统为抓手，以"形式履职、内容

履职、成效履职"3 种履职评价为目标，进一步提升河长的履职水平，力
促广州市"河长管理制"从"有名"转向"有实"，从"整体覆盖"深化为
"全面见效"。截至 2022 年年初，广州河长信息管理系统共对 9 个区 68 条
需要重点关注的河涌和 769 条存在不同程度波动风险的河涌发出了预警提
醒函，服务广州市、区、镇、村四级河长 3201 人，管理河涌 1433 条、湖
泊 45 个、水库 363 个、小微水体 4894 个；全市各级河长累计巡河 264.92
万次，巡河率达 99.80%；累计受理问题 178961 宗，整改办结问题 178381 宗，
办结率达 99.68%。广州市将积极推动数据标准的贯彻落实工作，以"需求
牵引、应用至上、数字赋能、提升能力"为工作原则，持续探索水务数字化
转型的新路径。

广州市实现气象灾害智能监测与服务

2020 年 5 月，广州市基于大数据的气象灾害智能监测与决策系统建设
完成。通过整合各种观测资料和原有业务平台，实现实况统计分析、智能
监测预警、历史排名统计、决策自动形成等，为提高灾害性天气监测预警
能力提供技术和平台支撑。系统自投入运行以来，提高了广州市灾害性天
气监测预警能力，减轻了基层预报技术人员的工作压力。同时，广州市智
慧农业气象服务平台也于 2020 年发布，该平台包括气象资料管理、气象数
据重建与查询、气象信息发布、灾害监测预警等功能，重点体现了"数据
汇聚共享""智能技术应用""助推产业发展""防范生产风险""开发农业
信息资源"等新特点，推动了农村生产向集约化、规模化、产业化的方向
发展。

包容审慎的市场治理

数字政府建设对于加强和改善市场监管，助力市场环境治理改善具有重要意义。进行数字政府改革以来，我国针对百姓投资创业面临的难点问题，转变政府职能，减少行政审批，大力推进电子营业执照和全程电子化登记管理，实施"五证合一、一照一码""先照后证"等工商登记制度改革，商事制度改革取得了突破性进展。同时，依托全国信用信息共享平台，我国建立了政府部门之间信息共享与联合惩戒机制，建立了国家企业信用信息公示系统和"信用中国"网站。我国通过信用监管机制不断提高信息的透明度，降低市场交易的风险，持续提升经济运行的效率，基本建立以信用为核心的新型监管机制，不断强化企业的自我约束功能。

广州市实施智慧监管工程，推进信用风险分类监管

广州市充分利用大数据、区块链、人工智能、机器学习等技术手段，在"管"的精度上下功夫，构建科学的信用风险分类指标体系和监管模型，充分挖掘涉企信息数据，精准识别、自动分类和自动预警企业的信用风险状况。

目前，广州市市场监督管理局已经筛选处理全市超过 150 个行政部门、超过 3000 个信息资源主题，共计 100 多亿条涉企数据，形成企业立体全景信用画像，并基于数据分析结果将企业划分为高风险、较高风险、中风险、低风险 4 类。对高风险的违法失信企业实行"零距离"监管，让它们时刻处于政府监管的压力之下；对涉及人民生活健康安全和社会稳定的较高风险、中风险企业，实行"近距离"监管，及时发现、即时制止违法行为；对守法经

营、信誉良好的低风险企业实行"远距离"监管，做到无事不扰。

广州市市场监督管理局通过信用分级分类监管手段，对不同监管级别的企业实施不同内容、不同频次的监管，提高对违法失信、风险较高的监管对象的抽查比例和频次，进一步提升了行政监管效能。

广州市实现食品药品靶向安全监管

在食品安全监管方面，广州市持续推进学校食堂"互联网＋明厨亮灶"平台、食品生产全过程动态监管平台、"互联网＋区块链＋AI"食用农产品市场销售监管平台等系统的建设与运用，加强日常监管系统、12331 投诉举报系统、食品抽样和快检系统的优化和推广使用，全面加强食品安全的监管。

广州市学校食堂"互联网＋明厨亮灶"平台由广州市市场监督管理局牵头建设，已完成全市覆盖。目前，广州市辖区所有学校的食堂已按要求实施改造，并运用大数据、人工智能、图像识别等技术实现食品安全的风险预警，包括过期食品、资质证照预警、后厨操作规范预警等。同时，政府监管部门及监管人员可远程实时查看学校食堂的食品安全状况，实现监管部门对校园食品安全监管的智能化、靶向化和远程化。

另外，广州市市场监督管理局及时在食品药品行政审批系统中开发了"冷藏冷冻食品贮存服务提供者首次备案""冷藏冷冻食品贮存服务提供者变更备案"等流程功能，防范化解食品安全风险。截至 2020 年 11 月，68 家冷藏冷冻食品贮存服务提供商已经进行了备案。

广州市 810 个农贸市场（含大型超市）均接入了市场监督管理局的食品快检系统，该系统共收集快检信息超过 200 万批次，企业数据上传率达到95% 以上。同时，广州市完成 300 家企业公示屏快检数据自动推送工作，市民可以通过公示屏及时掌握市场快检动态，提升食品安全社会共治水平。

和谐有序的乡村治理

2019 年 5 月，中共中央办公厅、国务院办公厅印发《数字乡村发展战略纲要》（以下简称《纲要》），强调数字乡村建设既是乡村振兴的战略方向，也是建设"数字中国"的重要内容，可整体带动和提升农业农村现代化发展，为乡村经济社会发展提供强大动力。《纲要》还指出，数字乡村要注重建立灵敏高效的现代乡村社会治理体系，要着力发挥信息化在推进乡村治理体系和治理能力现代化中的基础支撑作用，繁荣发展乡村网络文化，构建乡村数字治理新体系，着力弥合城乡"数字鸿沟"。

我国不断推进乡村数字化治理，深化"互联网＋政务服务""互联网＋党建"建设，促进农业行政审批制度改革、农业农村信息化建设和数字化管理深化发展，不断提升乡村治理的效能，推动乡村治理能力建设取得长足进步。

广州市规范小微权力运行，为乡村治理"立规定矩"

广州市聚焦乡村小微权力，扎紧村级组织权力制度"笼子"，推行"线上监督""指尖监督""互联网＋村务公开"，全面实现省级村务公开民主管理示范单位达标。另外，广州市不断落实村社协商"116 工作法"（"116 工作法"指广州市城乡社区协同工作法，即建好 1 个议事厅、落实 1 个议事制度、抓好 6 个主要环节），打造"村级协商议事"示范点，同时建成市、区、镇（街道）、村（社区）农村产权流转管理服务平台体系，2019

年累计交易超过 12 万宗，交易金额超过 1500 亿元。此外，广州市不断推进基层正风反腐专项治理，坚决查处发生在民生资金、"三资"管理、征地拆迁等领域的违纪违法行为，查处问题超过 2000 个、责任追究超过 2000人，其中处分超过 1000 人、移送司法机关近 100 人。政府在线开通集党务、政务、村务信息公开，网上办事，公共服务，农村电商于一体的云平台，基层事项网上办理率达到 62.82%。

广州市统筹共建共治共享，为乡村治理"聚力赋能"

广州市推进"广州街坊群防共治"，超过 130 万个市民通过"广州街坊群防共治"专群互动系统加入群防共治队伍。同时，广州市不断推动"雪亮工程"建设应用向农村地区延伸，实现重点部位、重点场所全覆盖，建成视频点位超过 150 万个，联网视频共享点位超过 12 万个。广州市从化区委组织部运用现代互联网技术，创新打造集党务、政务、村务信息公开，网上办事，公共服务，农村电商于一体的从化区"仁里集"共建共治共享"一键通"云平台，实现"三全三零、三精三好"（即全方位、全覆盖、全天候，零距离、零阻碍、零推诿，数据精确、分类精细、服务精准，好共建、好共治、好共享）综合功能，借此转变农村基层治理的工作方式和服务模式，探索农村基层党建工作的新路径并取得了良好的效果，该平台被农业农村部、国家发展和改革委员会评为首批 18 个全国农村公共服务典型案例之一。

第 8 章

数字政府大协同，
塑造政府运行新模式

我国分设了人大、政协、党群、法院等相关党政组织机构。党群工作的开展，需要基层部门之间协同，人大依法行使职权、政协高效参政议政都需要打通政府各相关部门之间的数据。畅通政府与人大、政协、党群、法院之间的协同渠道，是数字政府改革建设的重要目标。

　　在数字时代，实体组织和虚拟组织的界限也变得越来越模糊，融合越来越深入，移动通信、大数据等新一代信息技术为打破数据壁垒提供了实现手段。数字政府大协同建设，正是利用信息化技术打通数据流通壁垒，在人大、政协、法院、党群、政府各部门等组织之间建立协作机制，从而推动社会治理更加高效，推进党群与民主法治现代化建设。

广州市"政务内部协同"出成效

　　广州市依托数字政府建设成果，从完善信息交互功能、整合业务工作流程、整合审批事务流程、夯实公共基础支撑能力 4 个方面，推进政务内部协同。**在完善信息交互功能方面，**广州市利用即时通信、信息推送、跨层级交互等模式，实现"部门通""事事通""人人通"。**在整合业务工作流程方面，**广州市实现办公、办事、办会的一体化管理，实现非涉密文件、会议网上流转，实现线上协同办公进展全程可查、可控、可督办。**在整合审批事务流程方面，**广州市梳理部门内面向干部服务的事务流程，根据业务需要进行流程改造，以实现干部"只进一扇门、只跑一次腿"的服务理念，推进干部"一站式"服务建设。**在夯实公共基础支撑能力方面，**广州市注重数据治理，强调系统化、整体性政府变革，推动数据共享平台、政府一体化在线服务平台集约化建设，以实现"一个号、一张网、一扇门、跑一次"办成所有事为目标，加快打通广州数字政府运行的"数据经络"，疏通"神经网络"通道。

　　广州市统一政务信息共享平台横向接入单位 154 家，纵向连通广东省和广州市的 11 个区，建立自然人、法人基础库，汇集数据 145 亿多条，日均交换数据 3900 多万条，为优化营商环境、"互联网 + 监管"等 40 多个全市重点专项工作提供信息共享支撑，实现了政务数据全面归集、按需共享。广州市建设统一的数据共享业务办理门户，推行信息共享需求线上申请、在线审批、进度实时查看的全流程电子化模式，改变了原先需要经线下审批后才能实施的流程，极大地提升了数据共享的效率。

广州市"双报到"开创党群工作新局面

自 2019 年 6 月以来，广州市连续部署开展在职党员和单位党组织"双报到"（"双报到"指驻区单位党组织到所在社区报到、在职党员到居住地的居民区党组织报到）并开展服务工作。

"双报到"机制有效整合了各类资源，将辖区内单位党组织资源引入基层，进一步发挥单位党组织的战斗堡垒作用和在职党员的先锋模范作用，消除党组织和党员发挥作用的"盲区"，对于促进党群联系，巩固党在基层的执政根基具有重要意义，有利于推动社会治理和服务重心下移，将更多的资源下沉到基层，提供精细、精准的服务，不断探索夯实社会治理的基层基础。

广州市"双报到"的实践分为以下 3 个阶段。

第一阶段：广州市越秀区在"越秀人家"微信小程序的基础上开发建设"党员报到"模块。 2020 年，越秀区创新性地运用大数据赋能，率先在"越秀人家"微信小程序的基础上开发建设"党员报到"模块，打破党员参与社区服务治理的时间、空间界限。在职党员可以在"越秀人家"通过"党员报到"模块进行在线报到和信息登记，加入党员服务队（突击队）、党群先锋队，并可直接报名社区党组织发布的各类服务项目，实现服务记录在线留痕。"越秀人家"微信小程序既方便了党员找组织，也方便了群众找党员。

随后，为了做好单位党组织报到和服务工作，越秀区继续发挥"越秀人家"微信小程序的作用，在原先开发"党员报到"模块的基础上，新开发"党组织服务"模块，面向各单位党组织提供党组织报到、服务清单制定、街道事务沟通、参加联席会议、服务活动对接等功能，各社区党组织可以通过"越秀人家"微信小程序发布在职党员的服务活动，组织在职党员参与疫情防控宣传、志愿服务、巡逻排查、环境消毒整治、关爱特殊人群等工作。

截至 2021 年 1 月，"越秀人家"累计登录 945.6 万人次，市、区的 1230 个单位党组织、4.1 万多名在职党员进驻，7.6 万人次党员报名参与社区服务治理，开展了扶贫助困、洁净家园、守护平安、文明出行、和睦邻里、党建活动。

越秀区依托"越秀人家"微信小程序实现了线上线下区域化双向融合，打造了"党员报到"新模式，在街道与各单位党组织之间搭建了信息沟通、资源共享、事务协同的平台，实现了党组织与在职党员、党员与党员、党员与群众之间的多重互动，引导社区各方力量围绕社会性、群众性、公益性事务进行协商共治，推动了党员管理、政社协同、资源利用一体化，让党组织报到和参与服务便捷高效，激发了各级党组织的活力，增强了基层政府的服务能力，深化了"令行禁止、有呼必应"党建引领基层共建、共治、共享的社会治理格局。

第二阶段：广州市在"双报到"的基础上开展"双微"行动。2021 年 3 月，广州市正式出台《"您的心愿、我的志愿"——党组织、党员为群众办实事"双微"行动工作方案》，在"双报到"的基础上，发动全市各级党组织和广大党员面向镇（街）、村（社区）基层，广泛开展征集、认领和办好民生微项目，实现群众微心愿的"双微"行动。

"双微"行动在"双报到"工作的基础上进一步优化升级，以全市到镇（街）、村（社区）报到的单位党组织和在职党员为重点，发动离退休党员、学生党员、农村和社区党员等结合实际量力而为、积极参与，并引领社会各界和广大群众共同参与。其中，单位党组织至少领办（或共同承接）1个微项目，在职党员至少领办（或共同认领）1个微心愿。群众可以通过线上和线下两种渠道参与。线上依托"令行禁止、有呼必应"综合指挥调度平台和"穗好办"App，打造全市互联互通的"党员志愿服务网上超市"，精准对接组织资源与群众需求，营造"群众有事我来帮""群众心愿我来办"的浓厚氛围。线下依托全市各级党群服务阵地、新时代文明实践中心（所、站）建立"群众微心愿连锁店"，面向广大党员群众征集、发布、认领、落实微项目和微心愿。

广州市各区积极开展"双微"项目认领活动，例如，越秀区光塔街"安全屋"微项目、海珠区南石头街"闪亮的耳朵"微项目、荔湾区东沙街"学子追梦"微项目、天河区沙河街"消防安全"微项目、黄埔区大沙街"金雁小学堂"微项目等。

第三阶段：广州"穗好办"上线"双报到"专区。 2021年4月，广州市政务服务数据管理局会同市委组织部，充分运用广州市数字政府建设成果，在"越秀人家"微信小程序的基础上，创新服务模式，丰富服务内容，依托"穗好办"App推出"双报到"专区，为党组织—街道、党员—社区—群众搭建快速连接平台，助推单位党组织服务街道、在职党员服务社区"零距离"。

"穗好办"App上"双报到"专区的开通，实现了党员的"服务之手"与群众的"需求之手"看得见、拉得上、握得住，为基层社会治理注入了新活力。截至 2021 年 8 月，已报到党组织累计 8807 个，已报到党员 243278 名，创建社区活动 26935 个；累计征集群众微心愿 12687 个，已受理心愿 4339 个，确认完成心愿任务 1937 个。"穗好办"App 的"双报到"专区实现的新功能包括以下 3 个。

1. 在线"双报到"，服务活动随时查

在职党员在报名参加社区服务活动前，可在"穗好办"App 向单位党组织和社区党组织完成报到。在报到的申请过程中，在职党员可随时查询审批进度和审批结果。

在职党员的报到审批通过后，便可在线随时查看所报到社区发布的各类需求及实际困难。"穗好办"App 将实时推送社区服务活动的需求，并为党员提供一键报名、扫码签到服务，促进在职党员"零距离"、高成效地解决群众所思、所想、所盼，将"办实事"落到实处。

2. 需求、建议双向连接，共创、共建、共提升

"穗好办"App 通过双向推动"需求清单"与"供给清单"，实现群众需求与党群服务的精准对接，"订单式"服务让需求有回应、让服务有价值。一方面，社区党组织围绕社区存在的问题和实际需求，通过"双报到"工作后台管理系统发布共建需求，由单位党组织认领，采取切实有效的措施帮助协调解决。另一方面，单位党组织还可向社区党组织提供共建建议，实现共创、共建、共提升。

3. 服务记录有痕迹，分析报表可视化

通过"穗好办"App"双报到"工作后台管理系统，可在线查看或导出党员、单位党组织服务记录和服务数据，在职党员数量、参与服务主题、

服务次数等情况一目了然。

广州市以"双报到"机制为连接点，以区域化党建引领社区共建、共治、共享，打造党委领导、政府负责、社会协同、公众参与的基层社会共同体，对于促进党群联系，巩固党在基层执政的根基具有重要意义。截至2021年4月，广州市共有27.9万名在职党员回社区报到，超过3000个单位党组织向属地镇（街道）报到，围绕疫情防控、垃圾分类、加装电梯、扶贫助困、创建文明城市等开展服务活动5.1万次，参与服务活动的在职党员达79万人次，为群众办实事27万件。

广州市"智慧人大"建设结硕果

广州市人大常委会依托广州市数字政府建设成果，汇聚全市政府单位的相关数据资源，在全国的人大系统内率先推出综合性"智慧人大"系统。一方面，"智慧人大"系统直接对接广州市各单位，支撑人大的联网监督职能；另一方面，"智慧人大"系统依托"粤政易""穗好办"等数字政府基础平台，构建代表履职服务平台、机关综合业务系统，有效支撑代表履职、机关事务处理及民意收集反馈等各项工作的开展。

广州市"智慧人大"系统包括十二大应用子系统，用户包括市、区、镇（街道）三级人大机关、人大代表和政府工作部门、司法机关等单位，实现联网数据采集、在线实时监督、可视化技术分析、一键生成分析报告、多指标预警督办、立法智能辅助、在线管理服务等功能。其中，司法工作联网监督系统实现了司法数据的联网采集、深度开发和分析运用，有效提升了人大监督司法工作的针对性和精准性，强化了对司法人员的任免监督。预算联网监督系统完成全部 35 个镇级系统的建设，实现市、区、镇（街道）三级系统全覆盖、全联通。经济运行联网监督方面采集宏观经济、工业生产、进出口、金融等数据主题，引入全国法人库、产业发展等外部数据，实现经济运行综合研判和预警提示。

广州市"智慧人大"系统自 2018 年 7 月 2 日运行至今，共采集了 51 个单位，共 6500 多个数据主题和 20000 多张数据报表，搜集整理法律法规资料30000多份，小到每条河涌的水质变化，大到宏观经济的运行走势。大数据分析、"红黄灯"网上自动预警模式、自动生成监督文书等已成为各单位工作的有力抓手，高效监督"一府两院"，大幅度提高了人大代表自身的工作效率和质量。

广州市"智慧法院"助力司法审判"不打烊"

广州市全面推进"智慧法院"，利用广州市数字政府能力汇聚相关数据，助力司法审判"不打烊"。全市法院在疫情防控期间，为统筹兼顾疫情防控与审判执行工作，充分利用"智慧法院"建设成果，全面开展网上立案、调解、开庭、送达、执行等在线诉讼活动。

据统计，疫情防控期间，全市法院利用广州市数字政府共享数据完成线上渠道办理立案、信访、查询、缴费等各类诉讼事项共计 13330 件（次）；审查网上立案申请 5428 件（次）。线上办理诉讼服务业务量占总诉讼服务业务量的 88%；进行网上开庭、调解等 1200 余件（次），对执行案件实施网上查封、划扣、冻结等事项共计 1013 件（次）。

第 9 章
数字政府建设的挑战与未来展望

数字政府改革仍在路上，面临着体制、法制、安全、技术、人才等多方面的挑战，数字政府建设任重道远。与此同时，新一代信息技术不断更新迭代，6G、太赫兹技术、8K超高清电视、量子信息等前沿技术将不断推进数字政府改革建设更加广泛深入，推进各种业务创新应用不断涌现，以实现政府服务、产业发展与城市智能的深度融合。

数字政府建设面临的挑战

我国尚未完全实现公共服务体系的重塑与流程优化，群众办事和企业创业的"难点""堵点""痛点"仍未完全解决。同时，我国在数据资源确权、开放、流通和交易等方面仍然缺乏成熟的机制保障，数据流通障碍多，数据泄露事件时有发生，新兴技术、新型模式的使用有可能触发新的风险，为数字政府建设带来严峻的挑战。

体制机制与法制建设稍有滞后

有力有序地统筹协调和制定健全的法律法规是做好数字政府建设工作的重要前提和保障。制度更新滞后于数字政府技术创新，制度缺位、制度不合理甚至部分制度存在冲突等问题客观上阻碍了数字政府的可持续纵深发展。

目前，部分地方政府部门职责不清、交叉管理等问题未得到彻底解决。有的地区信息化主管职责分属不同部门，机构设置不统一，未能实现项目、资金的归口统一管理，增加了统筹管理的难度，网络、平台、应用等资源建设管理缺乏有效的配合，难以形成统筹共建的合力。同时，我国很多地方还存在数字政府改革建设成效评价指标体系缺失、项目建设与顶层设计脱节、一体化建设成效不明显等问题。

数据治理与运用能力仍显不足

党中央、国务院高度重视打破信息壁垒，积极推进政务信息系统整合共享和公共信息资源开放，政府数据开放共享取得了一定的积极进展，与此同时也存在一些亟待解决的问题。

一是"纵强横弱"现象突出。政府受多级财政、垂直业务管理的影响，依然存在"数据孤岛"或"信息烟囱"现象，尚未建立跨行业、跨部门、跨层级全方位的数据资源共享交换体制。同时，政府部门横向信息互联互通还存在数据不一致、质量不可控等问题。

二是数据的融合共享存在较大的困难。一方面，多部门重复收集数据，导致各类数据统计口径不一、底数不清、数据不实、数据碎片化、数据非结构化，技术整合、数据交换的成本高、难度大；另一方面，尚未形成规范的数据治理和服务体系，社会数据资源共享开放力度不强，开发利用深度不够，数据资源交易增值的潜能有待激活。

数据开放与信息安全平衡困难

数据的价值在于融合与挖掘，政府数据对群众的作用之一在于共享与开放，而数据安全又是利用数据价值的基本前提。政务信息数据涵盖大量的个人隐私数据乃至政府、企业内部的机密信息，数据开放共享必须解决对个人隐私数据和国家信息安全的保护问题。数据安全不仅在数据的保密性、完整性和可用性等方面受限，而且在数据生成、获取、存储、处理、利用、流通、管护、销毁的全生命周期中涉及的众多环节也存在数据失控的风险。另外，物联网飞速发展，感知节点分布广泛，数据体量更庞大，数据类型及应用场景更加复杂多元，这些对信息安全的挑战越来越大。随着各行各业的数字化转型，数据跨越组织和行业的边界流动将变得更普遍，数据安全问题已经无法依靠任何单方的力量来解决。

政府数据开放和社会力量开发利用政府数据都不能违反保密规定，侵犯公民的隐私权。2021 年 6 月，我国正式发布《中华人民共和国数据安全法》，它将在法律层面为数据安全和个人隐私保护提供法律保障，同时也给政府数据的开放应用创新带来新的挑战。

跨部门综合业务需求持续增加

实现跨部门、多业务的综合集成创新，推动跨部门数据共享、流程再造和业务协同，是深化数字政府改革建设的必然要求。随着数字政府深入发展，政府跨层级、跨区域、跨部门协作愈发迫切，跨部门的综合性、场景式的业务需求不断增加。跨部门协作要更加注重用户体验，坚持系统性、关联性、协同性谋划，从"一件事"的视角设计政务服务，探索基于场景模式的多业务大协同应用。大协同应用将冲击以部门为单位的传统政府管理模式。目前，还需要进一步理顺和探索跨部门、跨层级的业务协同机制与政府部门的权责分工机制。

深层次改革受到技术和人才的制约

新一代信息技术的快速发展和应用形成了即时感知、科学决策、主动服务、高效运行的新型政府治理形态。随着数字政府的深入发展，社会各界对数字政府的改革期望也变得更高，除了不断深化现有技术的应用范围，还需要新的技术创新带来更优质的新服务，需要更高效的治理手段来满足百姓对美好生活的更高要求。

数字政府建设的专业人才较为缺乏。目前公务员的人才选拔以考任或者选任制为主，对技术能力突出的专业人才吸引力不足，缺乏既懂信息专业技术，又懂政府业务与管理的复合型人才。

数字政府建设的未来展望

数字政府的未来将会向"云端化""虚拟化""智能化""整体化""服务化"方向进一步演进。政府通过充分地运用新兴技术和更富有效率地分配信息资源，进一步消除各地区的"数字壁垒"和"数字鸿沟"，推动政府的服务协同、职能优化和机构改革，最终实现国家治理能力的现代化。

政府也将会利用 6G、"星链"甚至更加先进的移动通信网络，结合 VR、AR、MR 和 XR 等技术来共同搭建数字孪生平台，打通虚拟世界与物理世界，让两种世界紧密融合为一体，构建"数字孪生政府"和"云上政府"。

云上智能的数字政府——技术与业务深度融合

未来的数字政府将通过更先进的云网计算平台，利用类脑智能等前沿技术，让人与人、人与物、物与物之间的连接更为紧密，从而实现万物互联与协同。传感器能自动采集数据，数据经过先进的网络被传输到数据中心进行存储和计算，政府各部门和群众连接服务器后能随时随地获取自己想要的信息。数据获取的手段更加便捷，数据归集的类型更加多样，数据的可信度和安全性要求更高，数据共享和应用的方式也更加多样。

政府各部门管理者在进行监管、调研、应急决策时，可以足不出户地了解事发地点实时、全方位的现实图像与现场空、天、地、海的立体空间全数据。强大的数据分析平台与人工智能决策系统在进行瞬时高效的数据处理之后，得到最优的选择方案及各方案执行后的全部可能的结果，为管理者提供精准有效的调控计划与指挥决策方案，将风险与损失降到最低。

　　未来，技术和业务将融为一体，政府通过利用一整套智慧工作体系，实现跨区域、跨部门、跨层级的数据共享和算力调度；海量数据与繁多业务之间将建立关系，让业务与业务之间高效协同，挖掘出数据的更大价值；区块链技术与更可靠的数据安全保障技术融合，将政府内部数据、外部市场数据、社会公众数据有机结合，各个部门之间的跨域数据互通流畅，政府通过不同领域的数据综合应用进行精准有效的决策、监管与服务；群众办理业务不再出示任何证明文件，只需要在移动端通过生物信息确认，办理部门便可自动获取相关信息，实时完成相应的业务办理，实现处理时长无感化的"秒批秒办"。

畅通一体的数字政府——数据无障碍流通

　　未来，随着区块链技术和联邦学习、多方安全计算等技术的发展成熟，数据确权、流通溯源和安全利用的技术障碍将逐步被打破，数据安全和信息保护的相关法律法规将逐步完善，数据无障碍流通将逐步成为现实。

　　有了数据流通与信息安全的保障，政府数据将越来越开放。政府掌握着国家大量基础性、关键性的数据，如果可以最大限度地开放，则有利于释放数据能量，激发创新活力，创造公共价值。通过开放数据，政府部门不必提供全部的公共服务，部分服务可以由数据利用者提供，从而建立一个政府应用的生态系统，让企业、社会组织和公民个人等各种社会主体在平台上利用政府的开放数据进行创新应用。

　　数据的无障碍流通还有助于政府的组织架构变革与业务流程再造，最终建立一个整体型政府。通过数据在各地区、各部门的流通和融合，政府实现围绕群众需求建设整体型组织和流程设置，开展整体性的财政管理、技术支撑，培养相互信任负责的文化，构成一个无缝衔接的整体服务型政府。

便民利企的数字政府——共享共治和管运分离

政务云的逐步渗透和模块化、微服务平台建设技术的广泛使用，可以便捷和低成本地满足政务服务的需求，未来的数字政府将更加注重提升服务质量和运营效能，不断增强人民群众的获得感与幸福感。数字政府保持高效、持续、稳定的运行，激发全部潜能，实现价值的最大化，三分靠基础设施和应用平台建设，七分靠运营和服务。数字政府对数据的融合应用和高效运营，有助于实现单一的治理主体向多元的综合治理主体转变，协助政府与众多社会力量建立良好的合作关系，形成以党组织为核心，以政府组织、社会机构和公民群体为治理主体的治理结构。在新的治理框架中，政府提升了行政效率，降低了协作沟通成本，提升了社会治理精准化水平。

"管运分离、政企合作"的数字政府建设模式也将赋予数字政府建设助推数字产业发展的能力，使数字政府成为数字产业重要的消费者。未来，政府可以通过政策和制度来完善政务数据资源的资产化管理，进一步推动政府数据的开放共享利用，培育和协助多元主体利用政务数据信息制定决策，使人民群众能够真正享受政务信息的价值，最大限度地实现技术赋能社会的效益。

安全可控的数字政府——信息安全与隐私保障

量子通信技术和联邦学习技术等新兴的信息安全技术是保障数据与信息安全的重要措施。由于量子具有不可复制性，量子通信技术非常适合用来传递加密信息，保障传输安全。联邦学习技术可以解决数据利用问题，实现"数据可用不可见"，有利于保护个人隐私和机密信息，也有利于破解数据不愿给、不敢用等难题。

保障数据安全作为一项系统工程，依赖于政府、企业、行业组织和研究机构等各个利益相关方的共同参与和协同治理。随着各类新兴信息安全技术的逐步成熟和商业化应用，构建保障信息安全和个人隐私的健壮型数字政府正在成为可能。

后　记

近5年来，党中央、国务院发布了一系列文件指导和部署数字政府改革工作。党的十九届四中全会首次明确提出"推进数字政府建设，加强数据有序共享"。2021年3月，我国正式发布《中华人民共和国国民经济和社会发展第十四个五年规划和2035年远景目标纲要》，提出要提高数字政府建设水平，加强公共数据开放共享，推动政务信息化共建共用，提高数字化政务服务效能。

推进政府数字化转型、建设数字政府，运用数字化手段提升政府治理水平，为人民生活提供便利、为经济发展提供支撑，已经成为各级各地政府的普遍共识。近年来，我国从中央到地方都在积极运用新一代信息技术加快数字化转型改革工作，并形成了多元尝试、多样创新、百花齐放的政府数字化转型新格局。其中，广东省以机构改革为突破口积极打造集约化整体型的数字政府，形成了政务服务"指尖办"的广东模式。

广州市作为广东省的省会城市，积极贯彻落实党中央和广东省的指示精神，以推动广州市实现"老城市新活力""四个出新出彩"为目标，全面推进数字政府改革建设，深入开展政府内部信息化基础设施建设，大力优化政务服务质量，改善营商环境，极大地提高了广州市人民政府在城市管理、社会治理和民生服务等领域的现代化水平。

广州市围绕数字政府改革建设开展了积极有益的探索和实践，取得了显著成效，形成了一大批应用成果及成功案例：开展了营商环境4.0改革，打造"穗好办"政务服务品牌，建设"穗智管"城市运行管理中枢、政务区块链基础平台和 12345 政府服务热线平台，实现了"一网通办""一网统管""一号通办"。

为了总结广州市数字政府改革建设经验，并为其他城市的政府数字化转型提供借鉴参考，在广州市数字政府改革建设工作领导小组和广州市政务服务数据管理局的指导下，广东省电信规划设计院有限公司结合自身对数字政府的理解和全过程参与广州市数字政府建设总体规划咨询的经验总结，编著了本书。

作为我国信息化规划、咨询、设计、软件和集成领域的龙头企业，广东省电信规划设计院有限公司全程参与了广州市数字政府改革建设工作，并形成了《广州市"数字政府"建设总体规划（2020—2022 年）》及实施方案、《广州市进一步加快智慧城市建设 全面推进数字化发展工作方案》等成果案例。相关成果案例于 2021 年 5 月在由中国信息协会组织的"数字政府创新成果与优秀案例"评选活动中荣获"数字政府方案案例创新奖"。

本书介绍了数字政府的概念、特征及起源，也对数字政府建设的相关宏观背景、政策和国内外案例进行了分析，提出了数字政府建设的总体思路和顶层设计架构，探讨了政务云、政务外网、政务区块链、政务大数据和数字政府相关公共支撑平台的建设，也介绍了广州市数字政府改革建设成果应用于政务服务、社会治理、业务协同等方面的实践。希望本书对数字政府领域的各级政府、咨询机构、软硬件产品供应商、服务提供商等读者群体有所启发。

本书是在广州市政务服务数据管理局的指导下，由广东省电信规划设计院有限公司相关人员编写完成的。在此特别感谢莫宏波、肖恒辉、宋京等专家的全程大力指导支持，同时本书编制过程中得到了马源、王爽、王新悦、由宗铭、刘郁恒、刘盼、李梓江、李毅、李霖、肖蓉、吴挺申、邹少龙、张宇、张咏薇、张俊龙、张敏、陈德全、胡发明、殷亚增、黄培欣、董海峰、黎斌等同事的参与支撑，也收到了广州市各级政府单位和广东省通信产业服务有限公司研究总院等单位的大力支持和协助，作者在此表示衷心的感谢。由于本书作者都是数字政府领域项目最一线的工作者，工作繁忙，受时间和能力限制，本书难免还有很多不足之处，敬请各位读者谅解和赐教。